D1870341

Teigtaschen

Bert Seuter (Hg.)

Teigtaschen

Ravioli • Wantan • Maultaschen

Bassermann

Abkürzungen

TL = Teelöffel
EL = Esslöffel
Msp. = Messerspitze
g = Gramm
kg = Kilogramm
ml = Milliliter
l = Liter
cm = Zentimeter
ca. = zirka
°C = Grad Celsius
Ø = Durchmesser
Std. = Stunde(n)
Min. = Minute(n)
TK- = Tiefkühl-

Hinweis

Die Backofentemperaturen beziehen sich auf den Elektroherd mit Ober- und Unterhitze. Wenn Sie mit Umluft arbeiten, reduzieren Sie die Temperatur um 15 bis 20 Prozent. Die Backzeit bleibt gleich. Die Umrechnung von °C-Angaben auf Temperaturstufen von Gasherden entnehmen Sie bitte der Gebrauchsanleitung des Geräteherstellers.

Der Text dieses Buches entspricht den Regeln der neuen deutschen Rechtschreibung.

Impressum

ISBN 3-8094-1220-1

© 2002 by Bassermann Verlag, einem Unternehmen der Verlagsgruppe Random House GmbH, 81673 München

Die Verwertung der Texte und Bilder, auch auszugsweise, ist ohne Zustimmung des Verlags urheberrechtswidrig und strafbar. Dies gilt auch für Vervielfältigungen, Übersetzungen, Mikroverfilmung und für die Verarbeitung mit elektronischen Systemen.

Gesamtgestaltung und Produktion: Büro Norbert Pautner, München

Die Ratschläge in diesem Buch sind von Herausgeber und Verlag sorgfältig erwogen und geprüft, dennoch kann eine Garantie nicht übernommen werden. Eine Haftung des Herausgebers bzw. des Verlags und seiner Beauftragten für Personen-, Sach- und Vermögensschäden ist ausgeschlossen.

Druck: Eurografica, S.p.A., Marano Vicentino
Printed in Italy

817 2635 4453 6271

Inhalt

▲ Nudelteig: Mehl ringförmig aufhäufen. Eier, Olivenöl und Salz in die Mitte geben.

▲ Hefeteig: Hefe in lauwarmer Milch auflösen und mit Mehl zu einem Vorteig vermischen.

▲ Mürbeteig: Entscheidend für sein Gelingen ist, dass die Butter möglichst kalt ist.

Teigtaschen gehören zu den vielseitigsten Gerichten überhaupt. Ob herzhaft, exotisch oder süß – bei Ravioli & Co. kommt jeder auf den Geschmack.
Bei aller Vielfalt ist ihnen eins gemeinsam: Ihre Herstellung ist kinderleicht. Einfach den Teig kneten, ausrollen, formen, füllen und backen oder garen.
Aber nicht nur bei den Füllungen wird Abwechslung groß geschrieben, sondern auch bei den Teigen. Für Teigtaschen können fast alle ausrollbaren Teige wie Mürbe-, Nudel-, Hefe- und Quark-Öl-Teig verwendet werden. Darüberhinaus eignen sich Blätter-, Strudel- und Tortillateig hervorragend für diese Leckerbissen.

Grundlegendes rund um den Teig

Im Allgemeinen werden zur Herstellung der verschiedenen Teige alle angegebenen Zutaten einfach mit den Händen oder einer Küchenmaschine zu einem geschmeidigen Teig verknetet. Nur die Zubereitung von Hefe- und Quark-Öl-Teig ist etwas aufwändiger und wird deshalb in den Grundrezepten auf Seite 7 genau erklärt. Mürbeteig sollten Sie nicht zu lange kneten, weil er sonst bröselig wird und sich nicht gut ausrollen lässt. Hefe- und Strudelteige werden um so elastischer, je länger man sie knetet. Beim Hefe- und Nudelteig müssen alle Zutaten Zimmertemperatur haben, beim Mürbeteig sollten sie eher kühl sein. Ist der Teig zu feucht, gibt man etwas Mehl hinzu, ist er zu trocken, etwas Milch oder Wasser. Fast alle Teigarten müssen eine Zeit lang ruhen oder gehen, bevor sie weiter verarbeitet werden können.

Wenn Sie wenig Zeit haben, können Sie natürlich auch auf Fertigteige zurückgreifen. Es gibt sie als trockene Backmischung, als Frischteig aus der Kühltheke und als Tiefkühlware. Reispapier bekommen Sie in Asienläden.

Die Arbeitsfläche, auf der der Teig weiter verarbeitet wird, sollte mit etwas Mehl bestäubt werden. Alle Teige lassen sich am leichtesten ausrollen, wenn man sie zwischen 2 Lagen Frischhaltefolie legt.

Für die Herstellung von Teigtaschen gibt es spezielle Teigtaschenformer im Fachhandel. Zum Ausstechen genügen aber auch Gläser und Schüsseln verschiedener Größe. Natürlich kann man den Teig auch mit einem scharfen Messer oder einem Teigrädchen zuschneiden.

Grundrezepte

Hefeteig

1 Das Mehl in eine angewärmte Schüssel sieben. Eine Mulde in die Mitte drücken und die Hefe hineinbröckeln. Den Zucker darüber geben und die Hefe mit etwas Mehl vom Rand und lauwarmer Milch glattrühren.

2 Die Schüssel mit einem Tuch abdecken und den Vorteig 10 Minuten an einem warmen Ort stehen lassen.

3 Den aufgegangenen Vorteig mit etwas Mehl bestäuben, das Salz, das Ei, die weiche Butter und, bis auf einen kleinen Rest, die Milch dazugeben. Alle Zutaten zu einem glatten Teig verkneten.

4 Den Teig kräftig kneten, bis er glatt und elastisch ist. Anschließend zurück in die Schüssel legen, mit einem Tuch abdecken und an einem warmen Ort 30–45 Minuten gehen lassen, bis sich das Teigvolumen verdoppelt hat. Den Teig vierteln und zwischen Frischhaltefolie dünn ausrollen.

Quark-Öl-Teig

1 Den Quark mit der Milch und dem Öl glattrühren. Das Salz, den Zucker, das Ei und das gesiebte Mehl dazugeben und locker mischen.

2 Die Hefe darüberbröckeln und alles zu einem glatten Teig verarbeiten. Den Teig so lange kneten, bis er glänzt und elastisch ist. Anschließend zu einer Kugel formen, zurück in die Schüssel legen, mit einem Tuch abdecken und an einem warmen Ort etwa 1 Stunde ruhen lassen, bis sich das Teigvolumen verdoppelt hat.

3 Den Teig noch einmal durchkneten und zwischen Frischhaltefolie dünn ausrollen.

▲ Ausstechen des ausgerollten Teigs mit Gläsern, deren Rand in Mehl getaucht wurde.

▲ Die Teigkreise mit der ausreichenden Menge Füllung (nicht mehr als ein EL) füllen.

▲ Teigränder mit Wasser oder Eiweiß bestreichen, zusammenklappen und andrücken.

Der Mittelmeerraum beherbergt wahrscheinlich Europas reichhaltigste Teigtaschen-Kultur. Zu den bei Groß und Klein beliebten Gerichten gehören vor allem die typisch italienischen Teigtaschen à la Pasta und Pizza. Ravioli, Tortellini, Cannelloni und Calzone heißen die berühmten Klassiker.

Ravioli & Co.

Die gefüllten Teigwaren – ob traditionell oder innovativ – haben rund um die Welt ihren Siegeszug angetreten. Sie lassen sich nicht nur ungeheuer vielfältig mit raffinierten Füllungen wie Schinken, Pilzen, Spinat, Zucchini und Paprika zubereiten, sondern sind auch noch gesund. Vor allem, wenn für den Nudel- oder Pizzateig Vollkornmehl verwendet wird. Durch das Zusammenspiel von Füllung und Sauce können die mediterranen Teigtaschen das Aroma der Zutaten noch intensiver entfalten und auch den Teig mit ihrem Aroma durchziehen. Für den sonnigen Geschmack »all' Italiana« bestreuen Sie die kleinen Nudeltäschchen mit Parmesan.

Große Ravioli mit Gemüse

ZUTATEN

Für den Teig

- 300 g Mehl
- etwas Salz
- 3 Eier
- 1 TL Zitronensaft
- 4–5 EL Wasser
- 1 TL Öl

Für die Füllung

- 2 kleine Tomaten
- 150 g Champignons
- 1 kleiner Zucchino
- 2 Stangen Sellerie
- 1 Zwiebel
- 1 EL Olivenöl
- 4 EL Brühe
- 2 EL Tomatenmark
- etwas Salz
- etwas Pfeffer aus der Mühle
- etwas Zucker
- 100 g Fontina

Außerdem

- 50 g Parmesan
- 100 g Butter

Für 4 Personen

Zubereitungszeit: ca. 1 1/2 Std.

1 Aus Mehl, Salz, den Eiern, dem Zitronensaft, 4–5 EL Wasser und dem Öl einen glatten Nudelteig kneten. In Frischhaltefolie wickeln und bei Zimmertemperatur ruhen lassen, bis die Füllung zubereitet ist.

2 Für die Füllung die Tomaten abziehen und würfeln, die Stielansätze entfernen. Pilze, Zucchino und Selleriestangen putzen, waschen und alles fein zerkleinern. Selleriegrün beiseite legen. Die Zwiebel schälen, fein hacken und im heißen Öl glasig dünsten.

3 Zerkleinertes Gemüse zugeben und 3 Minuten mitschmoren. Dann Tomaten, Brühe und Tomatenmark untermischen. Alles bei starker Hitze unter Rühren schmoren, bis die Flüssigkeit auf etwa 2 Drittel eingekocht ist. Mit Salz, Pfeffer und Zucker abschmecken und etwas abkühlen lassen. Den Fontina fein würfeln und untermischen.

Ravioli mit Ricottafüllung

1 Das Mehl, die Eier und das Wasser mit den Händen zu einem glatten, elastischen Nudelteig verkneten. Den Teig in ein feuchtes Tuch hüllen und 20 Minuten ruhen lassen.

2 Inzwischen für die Füllung den Spinat waschen, tropfnass in einen Topf geben und aufkochen, bis er zusammenfällt. Den Spinat fein hacken. Die Butter in einer Pfanne zerlassen, den Spinat darin andünsten und anschließend erkalten lassen.

3 Den Ricotta und die Eigelbe mit dem Spinat verrühren und herzhaft mit Salz und Muskat abschmecken. Den Parmesan hinzufügen.

4 Den Teig mit einer Nudelmaschine oder mit einem Nudelholz dünn ausrollen. Auf die Hälfte des Teiges in 4 cm Abstand nussgroße Kügelchen von der Füllung setzen.

5 Die andere Teighälfte darüber legen und mit einem Teigrädchen kleine Vierecke ausrädeln. Die Ränder nochmals fest andrücken.

6 In einem Topf reichlich Salzwasser zum Kochen bringen und die Ravioli darin portionsweise in 5–7 Minuten al dente garen. Mit einem Schaumlöffel herausnehmen und auf 4 vorgewärmten Tellern anrichten.

7 Die Butter in einer Pfanne erhitzen und die Salbeiblätter darin andünsten. Über die Ravioli verteilen und mit dem Parmesan bestreuen.

ZUTATEN

Für den Teig
- 400 g Weizenmehl
- 2 Eier
- 10 EL Wasser

Für die Füllung
- 300 g Spinat
- 3 EL Butter
- 300 g Ricotta
- 2 Eigelbe
- etwas Salz
- etwas geriebene Muskatnuss
- 4 EL geriebener Parmesan

Außerdem
- 100 g Butter
- einige Salbeiblätter
- 4 EL geriebener Parmesan

Für 4 Personen

Zubereitungszeit: ca. 1 Std.

Ravioli mit Zitronenhack

ZUTATEN

Für den Teig

- 2 Bund glatte Petersilie
- 1 EL Sonnenblumenöl
- etwas Salz
- 400 g Weizenmehl
- 4 Eier
- 1 EL Wasser

Für die Füllung

- 1 Schalotte
- 1 Knoblauchzehe
- 1 EL Sonnenblumenöl
- 300 g Lammhackfleisch
- etwas Salz
- etwas schwarzer Pfeffer aus der Mühle
- 50 ml trockener Weißwein
- 5 Stängel Zitronenmelisse
- 1 Bund glatte Petersilie
- 1 EL abgeriebene Schale einer unbehandelten Zitrone
- 2 EL frisch geriebener Parmesan
- 2 EL Paniermehl
- 2 Eier
- etwas Salz
- etwas Pfeffer

Außerdem

- 100 g Butter
- 8 EL geriebener Parmesan

Für 4 Personen

Zubereitungszeit: ca. 1 Std.
Ruhezeit: ca. 30 Min.

1 Die gesamte Petersilie waschen und bis auf ein paar Blättchen zum Garnieren hacken. Etwa 2 Drittel der Petersilie mit 1 EL Öl und 1 Prise Salz fein pürieren. Aus Mehl, den Eiern, 1 EL Wasser und dem Petersilienpüree einen glatten Nudelteig kneten. Den Teig in Frischhaltefolie wickeln und etwa 30 Minuten ruhen lassen.

2 Inzwischen die Schalotte und den Knoblauch schälen und beides sehr fein hacken. Das Öl in einer Pfanne erhitzen und darin das Lammfleisch anbraten, die Schalotte und den Knoblauch dazugeben und mitbraten. Das Fleisch salzen, pfeffern und den Wein dazugießen. Alles noch etwa 5 Minuten köcheln, dann abkühlen lassen.

3 Die Zitronenmelisse waschen, hacken und mit der restlichen Petersilie, der Zitronenschale, 2 EL Parmesan, dem Paniermehl und den Eiern unter das Hackfleisch mischen und alles mit Salz und Pfeffer abschmecken.

4 Den Teig zu 2 gleich großen Rechtecken ausrollen. Auf eine Teigplatte im Abstand von etwa 3 cm je 1 TL Füllung setzen. Die zweite Platte mit Wasser bestreichen und auf die Füllung legen. Die Teigzwischenräume fest andrücken und mit einem Ausstecher runde Ravioli ausstechen. Die Ravioli auf einem Küchentuch etwa 10 Minuten antrocknen lassen.

5 Etwa 5 l Salzwasser in einem großen Topf zum Kochen bringen. Die Ravioli hineingeben und bei mittlerer Hitze 10–12 Minuten garen. Die Butter in einem kleinen Topf zerlassen. Die Ravioli herausheben, abtropfen lassen und mit Butter, Petersilienblättchen und dem restlichen Parmesan anrichten.

Gratinierte **Pasta-Kartoffel-Taschen**

1 Das Mehl, die Eier und das Wasser mit den Händen zu einem glatten, elastischen Nudelteig verkneten. Den Teig in Frischhaltefolie wickeln und etwa 30 Minuten kühl ruhen lassen.

2 Inzwischen die Kartoffeln und den Feta durch eine Kartoffelpresse drücken und in eine Schüssel geben. Den Speck in feine Würfel schneiden, die Zwiebeln schälen und ebenfalls fein würfeln. Die Hälfte des Specks und 1 Drittel der Zwiebelwürfel in einer Pfanne andünsten und zur Kartoffelmasse geben. Alles salzen und pfeffern.

3 Den Teig sehr dünn zu einem Rechteck ausrollen. Mit einem Teigrädchen in etwa 6 cm breite Streifen schneiden. Walnussgroße Häufchen der Kartoffelmasse abstechen und in Abständen von etwa 8 cm auf eine Hälfte der Teigstreifen setzen, die andere Hälfte darüber klappen. Mit dem Teigrädchen die Teigtaschen abschneiden und die Teigränder sorgfältig zusammendrücken.

4 Die Teigtaschen in etwa 5 l kochendem Salzwasser garen, bis sie an der Oberfläche schwimmen. Dann mit einem Schaumlöffel vorsichtig herausnehmen. Den Backofen auf 200 °C vorheizen.

5 Die Butter erhitzen und darin den restlichen Speck und die restlichen Zwiebeln leicht anbräunen. Die fertigen Teigtaschen in der Butter schwenken, in eine Auflaufform füllen, mit dem geriebenen Käse bestreuen und etwa 10 Minuten auf der mittleren Schiene im Ofen überbacken.

6 Die Petersilie waschen, trockentupfen, die Blättchen abzupfen, grob hacken, über die gratinierten Teigtaschen streuen und das Gericht sofort servieren.

ZUTATEN

Für den Teig

- 350 g Weizenmehl
- 3 Eier
- 1–2 EL Wasser

Für die Füllung

- 150 g gekochte Kartoffeln
- 50 g Feta
- 100 g magerer geräucherter Bauchspeck
- 3 Zwiebeln
- etwas Salz
- etwas schwarzer Pfeffer aus der Mühle

Außerdem

- 2 EL Butter
- 100 g geriebener Hartkäse (z. B. Emmentaler)
- 1 Bund glatte Petersilie

Für 4 Personen

Zubereitungszeit: ca. 1 Std.
Ruhezeit: ca. 30 Min.

Tipp

Zum Trocknen lagern Sie die Nudeln etwa 1 Tag in einem warmen Raum. Selbst gemachte, getrocknete Nudeln sind bis zu 3 Monate haltbar.

Gefüllte **Conchiglie**

ZUTATEN

- 250 g große bunte Conchiglie (Muschelnudeln)
- etwas Butter für die Form

Für die Füllung

- 400 g Putenschnitzel
- je 1 kleine rote und gelbe Paprikaschote
- 2 Frühlingszwiebeln
- 1 Bund glatte Petersilie
- 3 EL Olivenöl
- etwas Thymian
- etwas Salz
- etwas schwarzer Pfeffer aus der Mühle
- 125 g Mozzarella

Für die Sauce

- 1 EL Butter
- 1 EL Mehl
- 125 ml Hühnerbrühe
- 100 g Sahne
- etwas Salz
- etwas Zitronenpfeffer

Für 4 Personen

Zubereitungszeit: ca. 45 Min.
Backzeit: ca. 15 Min.

1 Das Putenfleisch waschen, trockentupfen und klein würfeln. Die Paprikaschoten längs halbieren und Stiele, Kerne sowie weiße Rippen entfernen. Das Fruchtfleisch waschen und in kleine Würfel schneiden. Die Frühlingszwiebeln putzen, waschen und in feine Ringe schneiden. Die Petersilie waschen, trockentupfen und die Blättchen abzupfen.

2 Das Öl in einer Pfanne erhitzen und darin das Fleisch etwa 1 Minute kräftig von allen Seiten anbraten. Das Fleisch aus der Pfanne nehmen, mit Salz und Pfeffer würzen und zugedeckt warm stellen.

3 Die Paprikawürfel und die Zwiebelringe im verbliebenen Bratfett etwa 2 Minuten sanft andünsten. Fleisch, Gemüse und Kräuter vermischen und alles mit Salz und Pfeffer abschmecken. Den Mozzarella abtropfen lassen, in kleine Würfel schneiden und unter die Füllung mischen.

4 Die Nudeln in reichlich kochendem Salzwasser bissfest garen, in ein Sieb schütteln und gut abtropfen lassen.

5 Inzwischen die Butter in einem Topf erhitzen, das Mehl darüber stäuben und alles unter Rühren kurz anschwitzen. Nach und nach die Brühe sowie die Sahne hinzufügen, glatt rühren und die Sauce etwa 5 Minuten leicht köcheln lassen.

6 Den Backofen auf 200 °C vorheizen. Eine große Auflaufform einfetten. Die Füllung in die Nudeln geben. Diese nebeneinander mit der Öffnung nach oben in die Form setzen.

7 Die Sauce mit Salz und Zitronenpfeffer abschmecken und über die Conchiglie geben. Die gefüllten Muschelnudeln auf der mittleren Schiene im Ofen 10–15 Minuten goldbraun überbacken.

Cannelloni
mit zweierlei Saucen

ZUTATEN

- 150 g Cannelloni

Für die Füllung

- 700 g frischer Spinat
- etwas Salz
- etwas Zitronenpfeffer
- 3 EL Olivenöl
- 2 Zwiebeln
- 300 g Putenhackfleisch
- 1 TL getrockneter Oregano
- etwas schwarzer Pfeffer aus der Mühle
- 125 g Mozzarella

Für die Tomatensauce

- 2 EL Olivenöl
- 2 Zwiebeln
- 2 Knoblauchzehen
- 1 große Dose geschälte Tomaten
- 2 TL Tomatenmark
- etwas Salz
- etwas Pfeffer

Für die Béchamelsauce

- 4 EL Butter
- 3 EL Mehl
- 400 ml Milch
- 1 Bund Basilikum
- 4 EL geriebener Parmesan
- etwas Salz

Für 4 Personen

Zubereitungszeit: ca. 1 1/2 Std.
Backzeit: ca. 40 Min.

1 Den Spinat putzen, waschen und kurz in kochendem Salzwasser blanchieren, kalt abschrecken, ausdrücken, grob hacken und mit Salz und Zitronenpfeffer würzen.

2 3 EL Olivenöl erhitzen. 2 Zwiebeln schälen, fein würfeln und darin glasig braten. Das Putenhackfleisch dazugeben und anbraten. Alles mit Oregano, Salz und Pfeffer kräftig abschmecken. Den Mozzarella in kleine Würfel schneiden und mit Spinat und Hackfleisch mischen.

3 2 EL Olivenöl in einem Topf erhitzen. Die Zwiebeln und den Knoblauch schälen, fein hacken und darin andünsten. Die geschälten Tomaten dazugeben und zerdrücken. Die Sauce aufkochen und etwa 20 Minuten bei mittlerer Hitze sämig einkochen lassen. Mit dem Tomatenmark, Salz und Pfeffer würzen.

4 Für die Béchamelsauce die Butter in einem kleinen Topf zerlassen. Das Mehl darüber stäuben und unter Rühren anschwitzen. Die Milch nach und nach dazugießen und glatt rühren. Die Sauce bei schwacher Hitze etwa 10 Minuten unter Rühren sanft kochen lassen.

5 Die Basilikumblättchen von den Stängeln zupfen, waschen und in breite Streifen schneiden. Das Basilikum mit dem Parmesan unter die Béchamelsauce rühren und alles mit Salz abschmecken.

6 Den Backofen auf 175 °C vorheizen. Die Spinatmasse in die Cannelloni füllen. Diese nebeneinander in eine gefettete Auflaufform (etwa 20 x 30 cm) legen, die beiden Saucen streifenweise darauf verteilen und das Ganze auf der mittleren Schiene im Ofen etwa 40 Minuten goldbraun überbacken.

Lasagnetaschen mit grünem Spargel und Lachsforelle

ZUTATEN

- 8 Lasagneblätter

Für die Füllung

- 500 g grüner Spargel
- 2–3 EL Kerbel
- 2 Lachsforellenfilets ohne Haut à etwa 250 g
- etwas Salz
- etwas Pfeffer

Für die Sauce

- 80 g Butter
- 400 ml Fischfond oder Brühe
- 4–5 TL Speisestärke
- 6 EL Weißwein
- 2 Eigelbe
- 150 g Sahne
- etwas Salz
- etwas weißer Pfeffer aus der Mühle
- 1 Msp. geriebene Muskatnuss
- etwas Zucker
- 2–3 EL Kerbel

Für 4 Personen

Zubereitungszeit: ca. 40 Min.
Backzeit: ca. 20 Min.

1 Die Lasagneblätter in reichlich kochendem Salzwasser bissfest garen. Den grünen Spargel im unteren Drittel schälen, holzige Enden abschneiden und in der Mitte durchschneiden.

2 Die Lasagneblätter mit einem Schaumlöffel herausnehmen und abtropfen lassen. Den Spargel im Nudelwasser etwa 5 Minuten kochen und abtropfen lassen.

3 Den Kerbel waschen, trockentupfen und hacken. Die Fischfilets waschen, trockentupfen, in je 4 Stücke schneiden und mit Salz und Pfeffer würzen.

4 Die Lasagneblätter mit dem grünen Spargel, je einem Fischfiletstück und etwas Kerbel füllen und zu Taschen zusammenklappen.

5 Eine Auflaufform (etwa 20 x 30 cm) einfetten, die Lasagnetaschen hineingeben. Den Backofen auf 200 °C vorheizen.

6 Den Fond mit der Speisestärke verrühren und aufkochen lassen. Hitze reduzieren. Erst den Wein, dann die Eigelbe einrühren. Die restliche Butter in Flocken unterrühren. Die Sahne steif schlagen und unter die Sauce heben. Mit Salz, Pfeffer, Muskatnuss und etwas Zucker abschmecken. Den restlichen Kerbel unterheben.

7 Die Kerbelsauce über die Lasagnetaschen geben und im Backofen etwa 20 Minuten backen.

Grüne Nudelröllchen aus dem Ofen

ZUTATEN

Für den Teig

- 400 g frischer oder 200 g TK-Spinat
- 250 g Mehl
- 1 TL Salz
- 2 kleine Eier
- 1 EL Öl
- 2–3 EL Wasser

Für die Füllung

- 1 Zwiebel
- 1 Knoblauchzehe
- 200 g Kalbsschnitzel
- 100 g durchwachsener Räucherspeck
- 1 Päckchen TK-Suppengrün
- 500 g Tomatenstückchen aus der Dose oder Packung
- etwas Salz
- etwas Pfeffer aus der Mühle
- 1 TL getrockneter Oregano

Außerdem

- Fett für die Form
- 125 g Sahne
- 50 g geriebener Parmesan
- 1 EL Butter

Für 4 Personen

Zubereitungszeit: ca. 1 1/2 Std.
Ruhezeit: ca. 1 Std.
Backzeit: ca. 15–20 Min.

1 Frischen Spinat verlesen, waschen und in reichlich Salzwasser blanchieren. Abgießen, abtropfen und abkühlen lassen. Tiefgefrorenen Spinat auftauen lassen. Mit den Händen gut ausdrücken und fein hacken.

2 Das Mehl mit Salz, Eiern, Öl, Wasser und Spinat zu einem glatten Nudelteig verkneten. Den Teig in Frischhaltefolie wickeln und etwa 1 Stunde ruhen lassen.

3 Inzwischen die Zwiebel und den Knoblauch schälen. Das Kalbfleisch, den Speck, den Knoblauch und die Zwiebel zusammen durch den Fleischwolf drehen. Mit dem Suppengrün und 1 Drittel der Tomaten in einen Topf geben und unter Rühren zu einer dicken Paste einkochen lassen. Mit Salz, Pfeffer und Oregano würzen.

4 Den Backofen auf 180 °C vorheizen. Den Nudelteig in zwei Portionen teilen und möglichst dünn ausrollen. Die Kalbfleischfüllung auf den Teigplatten verteilen. Die Platten zusammenrollen, in etwa 4 cm lange Stücke schneiden und diese aufrecht in eine gefettete Auflaufform (etwa 20 x 30 cm) setzen.

5 Die restlichen Tomatenstückchen in die Zwischenräume geben. Die Sahne mit dem Käse verrühren und über die Röllchen geben. Die Butter in kleinen Stückchen darauf setzen. Die Nudelröllchen auf der mittleren Schiene in den heißen Backofen schieben und 15–20 Minuten backen.

Tortellini
mit Gemüse und Garnelen

ZUTATEN

- 250 g frische Tortellini aus dem Kühlregal

Für die Sauce

- 200 g grüne Erbsen, frisch oder TK
- 2 Zucchini
- 200 g Rucola
- 2 EL Butter
- 300 g gekochte und geschälte Garnelen
- 4 EL Sahne
- etwas Salz
- etwas schwarzer Pfeffer aus der Mühle
- 1/2 Bund Dill

Für 4 Personen

Zubereitungszeit: ca. 30 Min.

1 Frische Erbsen in etwas Wasser etwa 10 Minuten kochen, tiefgekühlte antauen lassen. Die Zucchini putzen, waschen und in dünne Scheiben schneiden. Den Rucola waschen, putzen, trockentupfen und fein hacken.

2 Die Butter in einer Pfanne zerlassen und darin Erbsen, Zucchini und Rucola etwa 5 Minuten andünsten. Die Garnelen hinzufügen und alles zugedeckt etwa 10 Minuten garen.

3 Die Tortellini in reichlich kochendem Salzwasser garen. Inzwischen die Sahne unter das Gemüse und die Garnelen rühren und die Sauce mit Salz und Pfeffer abschmecken. Die Tortellini abgießen, das Gemüse mit dem Dill bestreuen und alles zusammen servieren.

Tipp

Verwenden Sie fertige Tortellini aus dem Kühlregal und keine Trockenware. Es gibt diese frischen Tortellini mit verschiedenen Füllungen. Die Garzeit ist wesentlich kürzer als bei getrockneten Tortellini.

Tortellini
mit Tomaten-Basilikum-Sauce

ZUTATEN

- 500 g Tortellini

Für die Sauce

- 1 Zwiebel
- 2 EL Olivenöl
- 4 Stangen Sellerie
- 2 Karotten
- 500 g passierte Tomaten aus der Packung
- 2 Knoblauchzehen
- etwas Salz
- etwas schwarzer Pfeffer aus der Mühle
- 1 Lorbeerblatt
- 1 TL gerebelter Oregano
- 1 TL gerebelter Thymian
- 1 Bund Basilikum

Für 4 Personen

Zubereitungszeit: ca. 25 Min.

1 Die Zwiebel schälen und klein würfeln. Das Olivenöl in einer Kasserolle erhitzen. Die Zwiebelwürfel darin glasig dünsten.

2 Die Selleriestangen waschen, falls nötig abfädeln und in dünne Scheiben schneiden. In die Kasserolle geben. Die Karotten schälen und über dem Topf grob raspeln. Alles etwa 5 Minuten dünsten.

3 Die passierten Tomaten hinzufügen. Den Knoblauch schälen, pressen und dazugeben. Die Sauce mit Salz, Pfeffer, dem Lorbeerblatt, Oregano und Thymian würzen und etwa 10 Minuten köcheln lassen.

4 In der Zwischenzeit die Tortellini 10–15 Minuten in reichlich kochendem Salzwasser garen. Abgießen und gut abtropfen lassen.

5 Die Sauce nochmals abschmecken, das Lorbeerblatt herausnehmen. Das Basilikum waschen, trockenschütteln, die Blätter von den Stängeln zupfen und kurz vor dem Servieren in die Sauce streuen. Die Sauce getrennt von den Tortellini servieren.

Tipp

Wenn von der Sauce etwas übrig bleibt, können Sie mit Zusatz von Essig und Öl eine Salatsauce daraus machen. Sie können auch mit den Zwiebeln 250 g Schweinemett braten, dann wird die Sauce noch herzhafter und üppiger.

Tortellini
mit Quark-Kräuter-Füllung

ZUTATEN

Für den Teig
- 400 g Weizenmehl
- 4 Eier

Für die Füllung
- 200 g Blattspinat
- 1 Bund Petersilie
- 3 EL Butter
- 300 g frischer Ricotta oder trockener Quark
- 2 Eigelbe
- 100 g geriebener Parmesan
- etwas Salz
- etwas Pfeffer aus der Mühle
- etwas geriebene Muskatnuss

Außerdem
- etwas Salz
- 50 g Butter
- einige Salbeiblätter
- 50 g geriebener Parmesan

Für 4 Personen

Zubereitungszeit: ca. 45 Min.

1 Aus dem Mehl und den Eiern einen glatten Nudelteig kneten und diesen zugedeckt etwa 20 Minuten ruhen lassen.

2 Den Spinat und die Petersilie fein hacken. Die Butter in einer Pfanne zerlassen und den Spinat darin andünsten. Abkühlen lassen. Den Ricotta durch ein Sieb streichen und mit den Eigelben gründlich vermischen. Parmesan, Petersilie und Spinat hinzufügen und mit Salz, Pfeffer und Muskatnuss herzhaft abschmecken.

3 Den Teig in 2 Portionen teilen und sehr dünn ausrollen. Mit einem Teigrädchen Vierecke oder mit einem Glas Kreise von 4–5 cm Ø ausstechen.

4 In die Mitte jeder Teigplatte ein haselnussgroßes Stück von der Füllung setzen und die Teigstücke zu Dreiecken oder Halbmonden formen. An den Rändern fest zusammendrücken. Die Teigtaschen um den Zeigefinger wickeln und die Enden fest zusammendrücken, sodass Teigringe entstehen.

5 Die Tortellini in reichlich kochendem Salzwasser portionsweise in etwa 5 Minuten bissfest garen. Mit einem Schaumlöffel herausnehmen, abtropfen lassen und auf eine vorgewärmte Platte geben.

6 Die Butter in einer kleinen Pfanne erhitzen, die Salbeiblätter dazugeben und kurz anrösten. Die Salbeisauce über die heißen Tortellini geben, sie mit dem Parmesan bestreuen und sofort servieren.

Calzone
mit Schinken-Pilz-Füllung

ZUTATEN

Für den Teig

- 450 g Weizenmehl
- 1 Päckchen Trockenhefe
- etwas Zucker
- 1/2 TL Salz
- 5 EL Olivenöl

Für die Füllung

- 1 Zwiebel
- 1 Knoblauchzehe
- 1 EL Butter
- 1 kleine Dose geschälte Tomaten
- 2 EL Tomatenmark
- etwas Salz
- etwas Pfeffer
- 1 TL Paprikapulver, edelsüß
- 1 EL gerebelter Oregano
- 1 Lorbeerblatt
- 400 g frische Champignons
- 50 g entsteinte schwarze Oliven
- 200 g gekochter Schinken in Scheiben
- 100 g Emmentaler
- 2 EL Pizzagewürz

Außerdem

- etwas Butter zum Einfetten

Für 4 Personen

Zubereitungszeit: ca. 40 Min.
Ruhezeit: ca. 30 Min.
Backzeit: ca. 30 Min.

1 Das Mehl mit der Trockenhefe, dem Zucker, dem Salz und dem Olivenöl zu einem glatten Hefeteig verkneten und zugedeckt etwa 30 Minuten gehen lassen.

2 Inzwischen die Zwiebel und den Knoblauch schälen und fein hacken. Die Butter in einer Pfanne zerlassen. Die Zwiebel und den Knoblauch darin andünsten. Mit dem Tomatensaft ablöschen. Die Tomaten zerkleinern und zusammen mit dem Tomatenmark dazugeben. Die Sauce mit Salz, Pfeffer, Paprika, Oregano und dem Lorbeerblatt würzen und einkochen lassen. Anschließend das Lorbeerblatt wieder herausnehmen.

3 Die Champignons waschen, putzen und blättrig schneiden. Die Oliven in Ringe, den Schinken in kleine Würfel schneiden. Den Käse entrinden und grob reiben.

4 Den Backofen auf 220 °C vorheizen. 2 Backbleche mit Butter einfetten und mit etwas Mehl bestäuben. Den Teig vierteln, zu 4 runden Pizzateigen von etwa 20 cm Ø ausrollen und nebeneinander auf die Bleche legen.

5 Die Teigplatten mit der Tomatensauce bestreichen. Emmentaler, Champignons, Oliven, Schinken und Pizzagewürz mischen und je eine Hälfte der Pizzateige großzügig damit belegen.

6 Die Calzoni in der Mitte zusammenklappen und auf der mittleren Schiene in etwa 30 Minuten backen.

Minicalzoni El Greco

ZUTATEN

- 300 g TK-Blätterteig
- 1 Eigelb

Für die Füllung

- 1/2 Bund Rucola
- 1 Tomate
- 150 g Feta
- 1/2 TL Paprikapulver, edelsüß
- etwas schwarzer Pfeffer aus der Mühle

Für 4 Personen

Zubereitungszeit: ca. 30 Min.
Backzeit: ca. 20 Min.

1 Zunächst die Blätterteigscheiben etwa 20 Minuten auftauen lassen.

2 Den Rucola waschen, verlesen, trockenschütteln und fein hacken. Die Tomate waschen, vom Stielansatz befreien und fein würfeln. Den Feta mit einer Gabel zerbröckeln. Den Rucola mit den Tomatenwürfeln und dem Feta vermengen. Mit Paprika und Pfeffer kräftig würzen.

3 Den Backofen auf 220 °C vorheizen. Ein Backblech mit kaltem Wasser abspülen.

4 Die Blätterteigplatten möglichst dünn ausrollen. Aus jeder Platte mit einer Form 2 Kreise von etwa 12 cm Ø ausstechen.

5 Das Eigelb mit etwas Wasser verquirlen. Die Teigböden am Rand mit dem Eigelb einpinseln. Jeweils auf eine Hälfte der Teigböden etwa 2 EL der Füllung geben. Die andere Hälfte über die Füllung klappen und den Rand fest andrücken.

6 Die Minicalzoni auf das vorbereitete Backblech legen und auf mittlerer Schiene etwa 20 Minuten goldbraun backen.

Tipp

Falls Sie keinen frischen Rucola bekommen, können Sie eine Mischung aus frischen Kräutern, wie Rosmarin, Thymian und Basilikum oder eine TK-Kräutermischung verwenden.

Teigtaschen sind eine ganz besondere Spezialität der asiatischen Küche: Es gibt mehrere hundert Variationen. In China heißen sie Dim-Sum, was »Herztreffer« bedeutet. Bekannte und exotische Zutaten werden in hauchdünnen Teig gehüllt und im Dämpftopf oder im Wok schonend zubereitet.

Köstlichkeiten aus Asien

Frühlingsrollen sind bei uns schon längst bekannt und beliebt. Aber kennen Sie auch chinesische Wantans, indische Pakoras oder jüdische Burekas? Phantasiereiche Füllungen mit Datteln, Kokoscreme, Glasnudeln, Wasserkastanien, Pilzen, Tofu, Krabben oder Garnelen sowie viel knackigem Gemüse lassen einem das Wasser im Munde zusammenlaufen. Typisch asiatische Gewürze sorgen für einen fast unenedlichen Geschmacksreichtum, dessen Spektrum von scharf bis süß-sauer reicht.

ZUTATEN

Für den Teig
- 300 g Weizenmehl
- 1/2 TL Salz
- 300 ml Wasser

Für die Füllung
- 250 g Hackfleisch
- 2–3 EL Sesamöl
- 2 Frühlingszwiebeln
- 2 Knoblauchzehen
- 2 TL Sojasauce
- 2 Msp. Fünf-Gewürz-Pulver
- 4 EL Schnittlauch

Außerdem
- Frittierfett oder Öl

Für 4 Personen
Zubereitungszeit: ca. 1 Std.
Ruhezeit: ca. 1 Std.

Teigtaschen mit Hackfleischfüllung

1 Mehl, Salz und Wasser zu einem glatten Nudelteig verkneten. Den Teig etwa 1 Stunde ruhen lassen, nochmals durchkneten, dünn ausrollen und etwa 10 postkartengroße Rechtecke ausschneiden.

2 Das Hackfleisch in Sesamöl scharf anbraten. Die Frühlingszwiebeln in dünne Streifen schneiden, den Knoblauch pressen, beides kurz mitschwitzen. Mit Sojasauce und Fünf-Gewürz-Pulver abschmecken und abkühlen lassen.

3 Den Schnittlauch fein hacken und mit dem Hackfleisch mischen. Die Teigstücke mit der Masse füllen, zusammenrollen und die Ränder zusammendrehen. Im Wok das Fett auf etwa 180 °C erhitzen und die Teigtaschen darin ausbacken.

Teigtaschen
mit Ingwer-Dattel-Füllung

1 Den Hefeteig auftauen lassen, dünn ausrollen und Quadrate von etwa 10 x 10 cm Größe ausschneiden.

2 Die Datteln und die Ingwernüsse klein schneiden. Das Schweineschmalz in einem Topf erhitzen. Datteln und Ingwer darin andünsten, anschließend abkühlen lassen.

3 Inzwischen die Erdnüsse sehr fein hacken. Zu den Früchten geben und alles zu einer Paste verrühren. Mit Essig, Ingwer, Curry und Salz abschmecken.

4 Je etwa 1 TL Füllung auf die Quadrate setzen und sie verschließen. Die Teigtaschen über Dampf garen oder in heißem Fett ausbacken.

ZUTATEN

- 1 Packung TK-Hefeteig

Für die Füllung

- 125 g Datteln
- 50 g in Sirup eingelegte Ingwernüsse
- 2 EL Schweineschmalz
- 50 g gesalzene Erdnüsse
- 1 EL Essig
- 1 Msp. Ingwerpulver
- 1/2 TL Curry
- etwas Salz

Für 4 Personen

Zubereitungszeit: ca. 45 Min.

Teigtaschen
mit Krabbenfüllung

ZUTATEN

Für den Teig
- 150 g Weizenmehl
- etwas Salz
- 1 kleines Ei
- 150 ml Wasser
- 1 TL Sesamöl

Für die Füllung
- 500 g rohe Hummerkrabben
- 2 EL Erdnussöl
- 1 EL Austernsauce
- 1 EL Sherry
- etwas Salz
- 1 Msp. Glutamat
- $\frac{1}{2}$ TL Stärkemehl
- 4 EL kalte Hühnerbrühe
- 250 g Chinakohl

Für 4 Personen
Zubereitungszeit: ca. 1 Std.
Ruhezeit: ca. 30 Min.

1 Das Weizenmehl leicht salzen und mit Ei, Wasser und Öl zu einem geschmeidigen Teig verkneten. Etwa 30 Minuten zugedeckt an einem kühlen Ort ruhen lassen.

2 Den Teig dünn ausrollen und in postkartengroße Rechtecke schneiden. Die Hummerkrabben auslösen und fein hacken.

3 Das Krabbenfleisch in dem Erdnussöl scharf anbraten. Die Austernsauce und den Sherry dazugeben, mit Salz und Glutamat abschmecken.

4 Das Stärkemehl mit der Hühnerbrühe glatt rühren und das Krabbenfleisch damit binden.

5 Den Chinakohl putzen, waschen, klein schneiden und mit der Krabbenpaste mischen. Alles vom Herd nehmen und abkühlen lassen.

6 Die abgekühlte Masse auf die Teigrechtecke verteilen. Die Teigstücke so zusammenrollen, dass ein 1 cm breiter Rand übrig bleibt. Die Rollen zu einem Ring übereinander ziehen und die Ränder fest zusammendrücken.

7 Etwas Öl in einer Pfanne oder einem Wok erhitzen. Die Teigtaschen unter häufigem Wenden knusprig braten oder in heißem Fett goldbraun ausbacken.

Teigtäschchen
mit Kokosgemüse

ZUTATEN

- 16 TK-Wantan-Blätter
- 500 ml Öl zum Frittieren

Für die Füllung

- 100 g Chinakohl
- 1 Frühlingszwiebel
- 2–3 EL feste Kokoscreme
- 1 EL Austernsauce
- 1–2 EL Sambal Oelek
- 1 EL helle Sojasauce
- etwas schwarzer Pfeffer aus der Mühle
- 1 EL Mehl
- etwas Wasser

Für 4 Personen

Zubereitungszeit: ca. 45 Min.

1 Die Teigplatten zugedeckt auftauen lassen. Den Chinakohl und die Frühlingszwiebel waschen, putzen und in sehr feine Streifen schneiden.

2 Die Kokoscreme mit der Austernsauce, dem Sambal Oelek und der Sojasauce zu einer glatten Paste verrühren, mit Pfeffer würzen und leicht erwärmen. Das Gemüse darunter mischen.

3 Die Teigblätter vorsichtig ausbreiten. Das Mehl mit etwas Wasser verrühren und die Ränder der Teigblätter damit bestreichen. Jeweils 1 gehäuften TL Füllung in die Mitte jedes Teigblattes setzen. Ein zweites Teigblatt darüber legen und die Ränder fest zusammendrücken. Mit einem Glas oder einem runden Ausstechförmchen Kreise ausstechen.

4 Das Öl im Wok erhitzen. Die gefüllten Teigtäschchen portionsweise darin frittieren und auf Küchenkrepp abtropfen lassen.

Tipp

Zu diesen leicht süßlich schmeckenden Teigtäschchen passt besonders gut eine scharfe Sauce, wie z. B. eine Chili-Bohnen-Sauce. Diese und auch andere Würzsaucen bekommen Sie in Asienläden.

Wantans
mit Mais-Erdnuss-Füllung

ZUTATEN

- 40 TK-Wantan-Blätter

Für die Füllung

- 1 EL getrocknete Mu-Err-Pilze
- 2 Frühlingszwiebeln
- 125 g Maiskörner aus der Dose
- 1 kleiner roter Paprika
- 50 g Erdnusskerne
- 1 Stück Ingwerwurzel, etwa 2 cm
- 4 EL Sojasauce
- 2 EL Reiswein
- etwas Sichuanpfeffer

Für 4 Personen

Zubereitungszeit: ca. 45 Min.

1 Die Mu-Err-Pilze in warmem Wasser 20 Minuten einweichen. Die Frühlingszwiebeln waschen, putzen und in feine Ringe schneiden. Den Mais und die Pilze abtropfen lassen. Die Pilze ohne die Stiele klein schneiden. Die Paprikaschote waschen, putzen und fein würfeln. Die Erdnusskerne fein hacken.

2 Den Ingwer schälen, fein reiben, mit der Sojasauce und dem Reiswein verrühren und mit dem Sichuanpfeffer würzen. Die Paste mit den Pilzen, den Nüssen und dem Gemüse mischen.

3 Die Teigplatten kurz in kaltem Wasser einweichen und auf einem feuchten Geschirrtuch auslegen.

4 Etwa 1 gehäuften TL Füllung auf jede Teigplatte setzen, die Teigränder rundherum hochziehen und in der Mitte zusammendrücken, sodass kleine Säckchen entstehen.

5 Die Teigsäckchen nebeneinander mit ausreichendem Abstand in ein Dampfkörbchen setzen (siehe Tipp S. 55) und über Wasserdampf im geschlossenen Wok etwa 10 Minuten garen.

Tipp

Reichen Sie zu den Wantans eine scharf gewürzte Sojasauce. Besonders dekorativ sieht es aus, wenn Sie die Teigsäckchen mit Schnittlauchhalmen zubinden.

Gedämpfte **Wantans**

ZUTATEN

Für den Teig

- 125 g Mehl
- 3 EL Sojaöl
- 5–6 EL Wasser
- 1 Msp. gemahlene Kurkuma
- etwas Salz

Für die Füllung

- 300 g Blattspinat
- 2 Frühlingszwiebeln
- 1 Stück Ingwerwurzel, etwa 2 cm
- 4 Wasserkastanien aus der Dose
- 300 g Hähnchenbrustfilet
- 1 Ei
- 1 EL Sojasauce
- 1/4 TL chinesische Chilisauce

Für die Sauce

- 125 ml ungesüßte Kokosmilch
- 125 ml Hühnerbrühe
- 2 EL trockener Sherry
- 2 EL Austernsauce
- 1 EL Currypulver
- 1/2 TL Zucker

Für 4 Personen

Zubereitungszeit: ca. 50 Min.
Ruhezeit: ca. 30 Min.

1 Das Mehl mit Öl, Wasser, Kurkuma sowie etwas Salz zu einem festen, glatten Teig verkneten. Den Teig in ein Tuch wickeln und etwa 30 Minuten ruhen lassen.

2 Den Spinat verlesen, waschen, 1–2 Minuten in kochendem Salzwasser blanchieren, kalt abschrecken, sorgfältig ausdrücken und in Streifen schneiden.

3 Die Frühlingszwiebeln putzen, waschen und in schmale Ringe schneiden. Den Ingwer schälen. Die Wasserkastanien abtropfen lassen. Das Hähnchenfleisch kalt abspülen, trockentupfen und in Stücke schneiden.

4 Hähnchenfleisch, Spinat, Frühlingszwiebeln, Ingwer, Wasserkastanien und Ei mit der Soja- und der Chilisauce vermischen und mit dem Mixstab pürieren.

5 Den Teig in 20 Stücke teilen und sehr dünn ausrollen und gleich große Kreise ausstechen. 1 TL Füllung in die Mitte jedes Teigkreises geben. Die Teigränder mit etwas Wasser befeuchten, rundum hochziehen und über der Füllung so zusammendrücken, dass kleine Säckchen entstehen.

6 Die Teigsäckchen mit ausreichendem Abstand in ein Dampfkörbchen setzen (siehe Tipp S. 55). Im Wok etwas Wasser erhitzen. Das Dampfkörbchen hineinstellen und die Wantans portionsweise zugedeckt bei mittlerer Hitze etwa 10 Minuten im Wasserdampf garen.

7 Inzwischen die Kokosmilch mit der Brühe aufkochen und etwa 10 Minuten einkochen lassen. Mit Sherry, Austernsauce, Currypulver und Zucker verrühren. Zu den Wantans servieren.

Frittierte **Wantans**

1 Das Mehl mit den Eiern und dem Salz zu einem geschmeidigen Teig verkneten.

2 Die Knoblauchzehen und die Zwiebel schälen. Den Koriander waschen und trockentupfen. Die Korianderwurzeln ebenso wie den Knoblauch und die Zwiebel fein hacken. Die Korianderblättchen von den Stielen zupfen, grob hacken und zur Seite stellen. Die Erdnüsse grob zerkleinern.

3 Das Öl in einer Pfanne erhitzen und darin den Knoblauch, die Zwiebel und die Korianderwurzeln kurz dünsten. Das Hackfleisch dazugeben und einige Minuten kräftig anbraten. Den Pfanneninhalt mit der Fischsauce, reichlich Pfeffer und dem Zucker würzen. Die Erdnüsse darunter heben, die Masse abkühlen lassen und die gehackten Korianderblätter untermischen.

4 Den Teig mit dem Nudelholz oder mit der Nudelmaschine so dünn wie möglich ausrollen. Aus den Teigplatten 32 Quadrate von etwa 9 cm Seitenlänge schneiden.

5 Die Teigblätter auf einem bemehlten Tuch aus Stoff nebeneinander ausbreiten und die Ränder mit Wasser bestreichen. Je 1 EL der Hackfleischfüllung in die Mitte der Teigplatten geben und die Blätter zu Dreiecken zusammenklappen. Die beiden Enden der langen Kanten mit etwas Wasser befeuchten und übereinander legen. Dann das überstehende obere Ende nach außen umklappen, sodass die Teigtaschen rundum geschlossen sind.

6 In einem Wok oder in der Fritteuse das Fett oder Öl auf etwa 180 °C erhitzen und die Wantans darin goldbraun ausbacken.

ZUTATEN

Für den Teig
- 200 g Mehl
- 2 Eier
- 1/2 TL Salz

Für die Füllung
- 4 Knoblauchzehen
- 1 Zwiebel
- 1 Bund Koriander mit Wurzeln
- 50 g ungesalzene geröstete Erdnüsse
- 2 EL Öl
- 250 g Schweinehackfleisch
- 2 EL Fischsauce
- etwas schwarzer Pfeffer
- 1 TL brauner Zucker

Außerdem
- etwas Mehl
- etwas Wasser
- Frittierfett oder Öl

Für 4 Personen

Zubereitungszeit: ca. 20 Min.

Thai-Wantans

ZUTATEN

- 24 TK-Wantan-Blätter
- 750 ml Sojaöl

Für die Füllung

- 100 g Blattspinat
- etwas Salz
- 2 kleine Karotten
- 1 Frühlingszwiebel
- 1 Stück Ingwerwurzel, etwa 2 cm
- 1 Knoblauchzehe
- 150 g ausgelöste Tiefseegarnelen
- 1 EL Sojasauce
- 1/2 TL chinesische Chilisauce

Für den Dip

- 125 ml Orangensaft
- 1 EL Austernsauce
- 1/2 TL chinesische Chilisauce
- 1 TL abgeriebene Schale einer unbehandelten Orange

Für 4 Personen

Zubereitungszeit: ca. 35 Min.

1 Den Blattspinat verlesen, waschen und etwa 30 Sekunden in kochendem Salzwasser blanchieren. Kalt abschrecken, kräftig ausdrücken und fein hacken.

2 Karotten und Frühlingszwiebel putzen, waschen und in kleine Stifte bzw. Ringe schneiden. Ingwer und Knoblauch schälen und fein hacken. Die Tiefseegarnelen ebenfalls fein hacken.

3 Die vorbereiteten Zutaten vermischen und mit der Sojasauce und 1/2 TL Chilisauce pikant würzen.

4 Die Teigblätter ausbreiten und in die Mitte jeweils etwa 1 TL Füllung setzen. Die Teigränder mit wenig Wasser anfeuchten, rundherum zur Mitte hochziehen und über der Füllung sorgfältig zusammendrehen.

5 Das Öl etwa 3 cm hoch in einen Wok gießen, sehr heiß werden lassen und die Wantans portionsweise goldbraun darin ausbacken. Herausnehmen, auf Küchenkrepp kurz abtropfen lassen und heiß servieren.

6 Den Orangensaft mit der Austernsauce, der Chilisauce und der Orangenschale verrühren und als Dip zu den Wantans reichen.

Gefüllte **Dampfnudeln**

ZUTATEN

Für den Teig

- 250 g Mehl
- 125 ml Milch
- 1/2 Würfel Hefe
- etwas Salz
- 1/2 EL Zucker

Für die Füllung

- 1–2 EL Sesamöl
- 125 g Hackfleisch
- 1/2 Zwiebel
- 1 in Sirup eingelegte Ingwernuss
- 2 EL gehackte Nüsse
- 1 EL Sojasauce
- 1 EL Hoisinsauce
- einige Tropfen Essig
- 2 Msp. Fünf-Gewürz-Pulver
- etwas Salz
- etwas Sichuanpfeffer

Für 4 Personen

Zubereitungszeit: ca. 1 1/2 Std.
Ruhezeit: ca. 30 Min.

1 Das Mehl mit der Milch, der Hefe, dem Salz und dem Zucker zu einem geschmeidigen Hefeteig verkneten. Abgedeckt an einem warmen Ort etwa 30 Minuten ruhen lassen.

2 Für die Füllung das Sesamöl im Wok erhitzen. Das Hackfleisch hineingeben und unter ständigem Rühren scharf anbraten. Die Zwiebel und die Ingwernuss fein hacken. Zwiebel, Ingwer und gehackte Nüsse mit dem Hackfleisch mischen und kurz mitbraten. Die Masse mit der Sojasauce, der Hoisinsauce, dem Essig, dem Gewürzpulver sowie Salz und Sichuanpfeffer kräftig würzen.

3 Den Teig nochmals durchkneten und zu kleinen Bällchen formen. Die Bällchen flachdrücken, etwas Füllung darauf geben und den Teig um die Füllung herum wieder verschließen. Die Teigknödel mit ausreichendem Abstand in ein Dampfkörbchen setzen, im Wok etwas Salzwasser zum Kochen bringen und die Dampfnudeln 20–30 Minuten im heißen Dampf garen (siehe Tipp S. 55).

Gedämpfte Brottaschen
mit Fleischfüllung

1 Den Hefeteig auftauen und mit einem Geschirrtuch bedeckt etwa 30 Minuten gehen lassen.

2 Die Knoblauchzehen schälen und fein hacken. Die Ingwerwurzel schälen und reiben. Beides zusammen mit dem Schweinehackfleisch in heißem Sesamöl anbraten. Sojasauce, Reiswein, Speisestärke und Gewürze zugeben.

3 Den Teig in 8 Stücke teilen, flachdrücken und je 1–2 EL Fleischmasse darauf geben. Die gefüllten Teigstücke zu Bällchen formen und im Dampfkörbchen 15–20 Minuten über kochendem Salzwasser dämpfen.

ZUTATEN

- 600 g TK-Hefeteig

Für die Füllung

- 2 Knoblauchzehen
- 1 Stück Ingwerwurzel, etwa 1 cm
- 500 g Schweinehackfleisch
- 2 EL Sesamöl
- 3–4 EL Sojasauce
- 2–3 EL Reiswein
- 2 EL Speisestärke
- etwas Salz
- etwas Pfeffer aus der Mühle
- etwas Cayennepfeffer
- etwas Zucker

Für 4 Personen

Zubereitungszeit: ca. 1 Std.
Ruhezeit: ca. 30 Min.

Tipp

Sie können auch ohne Dampfkörbchen dämpfen. Stellen Sie eine Reisschale oder eine breite Tasse in einen mit wenig Wasser gefüllten Topf und darauf den Teller mit der Speise.

Reispapiersäckchen mit Pilzen

ZUTATEN

- 9 Reispapierblätter, ca. 20 x 20 cm
- 500 ml Maiskeimöl zum Frittieren
- 1/2 Bund Schnittlauch

Für die Füllung

- 75 g Austernpilze
- 60 g Champignons
- 75 g Shiitakepilze
- 1 Knoblauchzehe
- 1 Schalotte
- 1/2 Bund Petersilie
- 1 EL Estragonblättchen
- 1/2 Bund Schnittlauch
- etwas gemahlener Anis
- 1 TL Sojasauce
- 3 EL Sojaöl
- etwas Salz
- etwas Cayennepfeffer

Für die Knoblauchcreme

- 1 Knoblauchzehe
- 2 Eigelbe
- 3 EL Gemüsebrühe
- 3 EL Sojaöl
- etwas Salz
- etwas Cayennepfeffer

Für 4 Personen
Zubereitungszeit: ca. 2 Std.

1 Die Pilze waschen und putzen, dabei die Stiele entfernen. Alle Pilze würfeln und voneinander getrennt beiseite stellen. Den Knoblauch und die Schalotte schälen und beides fein würfeln. Die Petersilie waschen und fein hacken. Den gesamten Schnittlauch waschen und gut die Hälfte in kleine Röllchen schneiden.

2 Erst die Austernpilze mit dem Knoblauch und der Petersilie, dann die Champignons mit der Hälfte der Schalotten, dem Estragon und dem Anis und zuletzt die Shiitakepilze mit den restlichen Schalotten, der Sojasauce und den Schnittlauchröllchen in je 1 EL Öl im Wok kräftig anbraten, mit Salz und Cayennepfeffer abschmecken. Die Pilzmischungen nach dem Braten beiseite stellen.

3 Die restlichen Schnittlauchhalme kurz in kochendem Wasser blanchieren. Die Reispapierblätter einzeln etwa 1 Minute in Wasser einweichen, auf Küchenkrepp ausbreiten und abtropfen lassen.

4 Je 3 Reispapierblätter übereinander legen und je eine der verschiedenen Pilzmischungen darauf verteilen. Die Teigränder rundherum nach oben ziehen und in der Mitte mit den Schnittlauchhalmen zubinden.

5 Den Knoblauch schälen und pressen. Knoblauch, Eigelbe und Brühe verrühren und über dem warmen Wasserbad cremig aufschlagen. Das Öl nach und nach unterschlagen. Mit Salz und Cayennepfeffer würzen.

6 Das Maiskeimöl in einem Wok oder einem großen Topf erhitzen. Die Reispapiersäckchen in einen Siebeinsatz legen und zugedeckt im heißen Fett etwa 2 Minuten frittieren. Auf Küchenkrepp gut abtropfen lassen. Die Knoblauchcreme zu den Reispapiersäckchen servieren.

Frühlingsrollen mit Gemüse

ZUTATEN

- 10 TK-Frühlingsrollenblätter, ca. 20 x 20 cm
- 2 EL Mehl
- 2 l Pflanzenöl zum Frittieren

Für die Füllung

- 250 g Gemüse (z. B. Karotten, Frühlingszwiebeln)
- 200g Sojasprossen aus dem Glas
- 2 Knoblauchzehen
- 5 EL Pflanzenöl
- 3 EL Sojasauce
- 1 TL Zucker
- etwas Salz
- etwas schwarzer Pfeffer aus der Mühle

Für 4 Personen

Zubereitungszeit: ca. 1 Std.

1 Das Gemüse putzen, waschen und klein schneiden oder würfeln. Die Sojasprossen abtropfen lassen und fein hacken. Die beiden Knoblauchzehen schälen und fein würfeln.

2 Das Öl in einer großen Pfanne oder einem Wok erhitzen. Unter ständigem Rühren das Gemüse und die Sojasprossen mit dem Knoblauch andünsten. Alles mit Sojasauce, Zucker, Salz und Pfeffer würzen und abkühlen lassen.

3 Die Frühlingsrollenblätter in jeweils 4 Teile schneiden. Das Mehl mit etwas Wasser verrühren und die Ränder der Teigblätter damit bestreichen.

4 Auf jedes Teigblatt etwa 1 EL Füllung geben. Die Seiten einschlagen und den Teig gleichmäßig zusammenrollen. Die Nahtstellen festdrücken.

5 Das Pflanzenöl auf etwa 180 °C erhitzen und darin die Frühlingsröllchen portionsweise goldbraun frittieren. Die Röllchen mit einem Schaumlöffel herausnehmen und auf Küchenkrepp gut abtropfen lassen.

Frühlingsrollen
mit Currylinsen

ZUTATEN

- 16 TK-Wantan-Blätter
- 1 EL Mehl
- 500 ml Öl zum Frittieren

Für die Füllung

- 150 ml Gemüsebrühe
- 75 g rote Linsen
- 2 EL Currypulver
- 2 Frühlingszwiebeln
- etwas Salz
- 1/2 TL gemahlener Kreuzkümmel

Für 4 Personen

Zubereitungszeit: ca. 45 Min.

1 Die Teigplatten zugedeckt auftauen lassen. Für die Füllung die Brühe im Wok aufkochen. Die Linsen und das Currypulver hinzufügen und alles zugedeckt bei schwacher Hitze etwa 10 Minuten garen.

2 Die Frühlingszwiebeln waschen, putzen, in sehr feine Ringe schneiden und unter die Linsen mischen. Das Gemüse mit Salz und Kreuzkümmel würzen und alles etwas abkühlen lassen.

3 Das Mehl mit etwas Wasser verrühren. Die Teigblätter ausbreiten und die Ränder mit dem Mehlwasser bestreichen. Die Füllung auf die Teigblätter verteilen, die Teigblätter aufrollen, dabei die Seitenränder nach innen einschlagen. Die Nahtstellen festdrücken.

4 Das Öl im Wok heiß werden lassen und die Röllchen portionsweise darin frittieren. Auf Küchenkrepp gut abtropfen lassen.

Tipp

Reichen Sie zu den Frühlingsrollen eine dunkle Sojasauce oder eine Hoisinsauce als Dip. Letztere wird aus roten Sojabohnen, Knoblauch, Zucker, Chili und Gewürzen hergestellt. Sie schmeckt scharf und leicht süßlich.

Mini-Frühlingsröllchen mit Tofu

ZUTATEN

- 16 TK-Wantan-Blätter
- 1 EL Mehl
- 500 ml Öl zum Frittieren

Für die Füllung

- 1 Knoblauchzehe
- 1 Stück Ingwerwurzel, ca. 1 cm
- 50 g Tofu
- 2 EL Sojasauce
- 1 kleine Karotte
- 1 kleine Stange Lauch

Für 4 Personen

Zubereitungszeit: ca. 45 Min.

1 Die Wantan-Blätter zugedeckt auftauen lassen. Den Knoblauch schälen und fein hacken. Die Ingwerwurzel schälen und fein reiben. Den Tofu fein würfeln.

2 Den Knoblauch mit dem Ingwer und der Sojasauce verrühren. Den Tofu mit der Sauce vermischen.

3 Die Karotte waschen, putzen und in sehr feine Streifen schneiden. Den Lauch waschen, putzen und in sehr feine Ringe schneiden. Das Gemüse mit dem Tofu mischen.

4 Das Mehl mit etwas Wasser verrühren. Die Teigblätter ausbreiten und die Ränder mit dem Mehlwasser bestreichen. Jeweils 1 TL Füllung darauf geben, die Teigstücke aufrollen, dabei die Seiten nach innen einschlagen. Die Nahtstellen festdrücken.

5 Das Öl im Wok erhitzen, die Röllchen darin portionsweise goldbraun frittieren und auf Küchenkrepp gut abtropfen lassen.

Thailändische **Reispapier-Röllchen**

ZUTATEN

- 20 Reispapierblätter, ca. 16 x 16 cm
- 750 ml Sonnenblumenöl

Für die Füllung

- 3 getrocknete Shiitakepilze
- 50 g Glasnudeln
- 200 g Schweinefilet
- 2 Frühlingszwiebeln
- 1 Zweig frisches Zitronengras
- 1 Stück Ingwerwurzel, ca. 2 cm
- 1 Knoblauchzehe
- 2 EL Sonnenblumenöl
- 2 EL Fischsauce
- 3 EL trockener Sherry
- etwas Salz
- etwas schwarzer Pfeffer aus der Mühle

Für 4 Personen

Zubereitungszeit: ca. 35 Min.
Einweichzeit: ca. 10 Min.

1 Die Shiitakepilze und die Glasnudeln in zwei Schälchen legen, mit kochendem Wasser überbrühen und etwa 10 Minuten einweichen lassen.

2 Die Reispapierblättchen nebeneinander legen, mit Wasser besprühen oder bepinseln und einweichen lassen, bis sie formbar sind.

3 Das Fleisch kalt abspülen, trockentupfen und in sehr feine Streifen schneiden.

4 Die Frühlingszwiebeln und das Zitronengras putzen und waschen. Beides in feine Ringe schneiden. Den Ingwer und den Knoblauch schälen und fein hacken.

5 Die Pilzhüte in feine Streifen schneiden und die Glasnudeln mit einer Schere auf Fingerlänge kürzen.

6 2 EL Öl in einem Wok erhitzen und das Fleisch darin etwa 1 Minute unter Wenden anbraten. Frühlingszwiebeln, Zitronengras, Ingwer und Knoblauch dazugeben und alles unter Rühren noch etwa 1 Minute braten. Pilze und Glasnudeln unterrühren und weitere 2 Minuten braten. Mit Fischsauce, Sherry, Salz und Pfeffer würzen und abkühlen lassen.

7 Die Mischung auf die Reispapierblätter verteilen. Die Seiten darüber schlagen, dann die Reispapierblätter nicht zu fest einrollen. Darauf achten, dass nichts herausquellen kann. Die Röllchen im restlichen heißen Fett goldbraun frittieren und heiß servieren.

Kleine **Frühlingsrollen**

ZUTATEN

- 20 g Weizenmehlblätter, ca. 16 x 16 cm
- 750 ml Maiskeimöl

Für die Füllung

- 4 getrocknete Shiitakepilze
- 2 Karotten
- 3 Frühlingszwiebeln
- 150 g ausgelöste Tiefsee-garnelen
- 2 EL Zitronensaft
- etwas Cayennepfeffer
- 2 EL Maiskeimöl
- 150 g Schweinehackfleisch
- 2 EL Sojasauce
- 1/2 TL Sambal Oelek

Für die Sauce

- 4 EL Sojasauce
- 4 EL Pflaumensauce
- 1 TL Sambal Oelek
- 1/2 TL gemahlener Ingwer
- 1 EL Sesamöl

Für 4 Personen

Zubereitungszeit: ca. 40 Min.
Einweichzeit: ca. 30 Min.

1 Die Shiitakepilze mit lauwarmem Wasser übergießen und etwa 30 Minuten einweichen lassen.

2 Inzwischen Karotten und Frühlingszwiebeln putzen und waschen. Die Karotten in hauchdünne Streifen, die Frühlingszwiebeln in dünne Ringe schneiden.

3 Die Garnelen sehr fein hacken, mit Zitronensaft beträufeln und mit Cayennepfeffer bestreuen.

4 2 EL Öl in einem Wok erhitzen und das Hackfleisch darin in 3–5 Minuten krümelig anbraten. Karotten, Zwiebeln, abgetropfte Pilze sowie 2 EL Sojasauce unterrühren und alles etwa 4 Minuten unter Rühren dünsten. Mit 1/2 TL Sambal Oelek würzen. Zum Schluss die Garnelen unterrühren und abkühlen lassen.

5 Die Weizenmehlblätter ausbreiten, mit etwas Wasser besprühen oder bepinseln und einweichen lassen, bis sie formbar sind.

6 Die Fleischmischung auf die Teigblätter verteilen. Die Seitenränder einschlagen und den Teig zu festen Röllchen formen. Die Ränder gut andrücken. Das Öl im Wok erhitzen und die Röllchen darin portionsweise jeweils etwa 5 Minuten frittieren. Auf Küchenkrepp gut abtropfen lassen.

7 Die Sojasauce mit der Pflaumensauce und dem Sambal Oelek, dem Ingwer und dem Sesamöl vermischen. Die Sauce auf Schälchen verteilen, damit man die Röllchen eintauchen kann.

ZUTATEN

Für den Teig

- ½ grüne Chilischote
- 1 Stück Ingwerwurzel, ca. 1 cm
- 1–2 TL Koriandergrün
- 1–2 TL frische Curryblätter
- 100 g Kichererbsenmehl
- 100 g Weizenmehl
- 1 TL Schwarzkümmel
- ¼ TL Asa foetida
- ½ TL Kurkuma
- ½ TL Kreuzkümmel
- ½ TL Koriander
- ¼ TL Zimt
- 260 ml Wasser
- etwas Salz

Außerdem

- 1 l Ghee (reines Butterfett)

Für 4 Personen

Zubereitungszeit: ca. 50 Min.

Ingwer-Curry-Pakoras

1 Die Chilischote waschen, längs halbieren, die Kerne gründlich entfernen und die Schote fein hacken. Den Ingwer schälen und fein reiben. Den frischen Koriander und die Curryblätter waschen und fein hacken.

2 Alle Zutaten (bis auf das Ghee) zusammen in eine große Schüssel geben und mit dem Schneebesen zu einem dickflüssigen Teig verrühren. Mit Salz würzen. Etwa 1 Stunde quellen lassen.

3 Das Ghee in einem Wok stark erhitzen. Mit einer Schöpfkelle etwas Teig hineingießen.

4 Den Pakora goldbraun ausbacken, herausnehmen und auf Küchenkrepp abtropfen lassen. Mit dem restlichen Teig ebenso verfahren.

Burekas

1 Den Blätterteig antauen lassen und dünn ausrollen. Kreise von ungefähr 10 cm Ø ausstechen.

2 Die Zwiebeln schälen, fein würfeln und in Olivenöl dünsten. Den Feta zerdrücken. Den Ziegengouda grob reiben und bis auf 3 EL mit dem Feta, den Zwiebeln, 2 Eigelben, den Kräutern und etwas Pfeffer mischen.

3 Den Backofen auf 220 °C vorheizen. Die Teigkreise mit jeweils 1 EL von der Käsemasse füllen, zusammenklappen und auf ein mit kaltem Wasser abgespültes Backblech setzen. Die restlichen Eigelbe mit etwas Wasser verrühren. Die Teigtaschen dünn damit bestreichen und oben mit einer Gabel mehrmals einstechen. Die Teigtaschen 15–20 Minuten backen. Kurz vor Backende mit dem restlichen Ziegengouda bestreuen.

ZUTATEN

- 300 g TK-Blätterteig

Für die Füllung
- 3 Zwiebeln
- 2 EL Olivenöl
- 200 g Feta
- 200 g Ziegengouda
- 4 Eigelbe
- 3 EL gehackter Dill
- 2 EL gehackte Petersilie
- etwas Pfeffer aus der Mühle

Für etwa 16 Teigtaschen
Zubereitungszeit: ca. 30 Min.

ZUTATEN

Für den Teig

- 250 g Mehl
- 3 EL Öl
- 125 ml Wasser
- etwas Salz

Für die Füllung

- 200 g grüne TK-Erbsen
- 750 g Kartoffeln
- 3 EL Öl
- 1 TL Kreuzkümmel
- 1 EL Korianderpulver
- 1 TL Paprikapulver
- 1 TL Garam Masala
- 1 TL Mangopulver
- 2 TL Korianderblätter

Außerdem

- 1 l Öl zum Frittieren

Für 4 Personen

Zubereitungszeit: ca. 1 1/4 Std.
Ruhezeit: ca. 1 Std.

Samosas

1 Mehl, Öl und Wasser mit etwas Salz zu einem glatten Teig verkneten. Abgedeckt etwa 1 Stunde ruhen lassen. Die Erbsen auftauen lassen. Inzwischen die Kartoffeln in etwa 20 Minuten gar kochen, dann schälen und in kleine Würfel schneiden.

2 Das Öl in einer Pfanne erhitzen und den Kreuzkümmel darin kurz anrösten. Die übrigen Gewürze hinzufügen. Kartoffeln, Erbsen und Koriander dazugeben und alles einige Minuten braten, dann abkühlen lassen.

3 Zum Frittieren das Öl im Wok oder einer Fritteuse erhitzen. Den Teig dünn ausrollen. Kreise ausstechen und mit je 2–3 EL Gemüse füllen. Die Taschen zusammenklappen und die Ränder festdrücken. Im heißen Öl in wenigen Minuten knusprig ausbacken.

Indische **Teigtäschchen**

1 Mehl, 1 1/2 EL Ghee, Salz und etwa 125 ml kaltes Wasser zu einem festen Teig verkneten und zugedeckt etwa 30 Minuten ruhen lassen. Inzwischen 2 EL Ghee in einem Wok erhitzen. Zwiebel, Ingwer und Knoblauch schälen, fein hacken und etwa 3 Minuten andünsten.

2 Fleisch, in etwas heißem Wasser eingeweichten Safran, Gewürze und etwas Salz hinzufügen und unter Rühren gut anbraten. Etwa 150 ml Wasser hinzufügen und das Ganze bei geöffnetem Topf 15–20 Minuten garen, bis die Flüssigkeit verdampft ist.

3 Den Teig dünn ausrollen, Dreiecke von etwa 5 cm Seitenlänge ausschneiden und jeweils etwas Füllung darauf setzen. Die Teigränder mit Wasser befeuchten und die Teigtäschchen verschließen.

4 Das Öl im Wok erhitzen und die Teigtaschen goldbraun ausbacken. Auf Küchenkrepp abtropfen lassen.

ZUTATEN

Für den Teig

- 225 g Weizenmehl
- 1 1/2 EL Ghee oder Öl
- 1/2 TL Salz
- ca. 125 ml Wasser

Für die Füllung

- 2 EL Ghee oder Öl
- 1 Zwiebel
- 1 Stück Ingwerwurzel, ca. 1 cm
- 2 Knoblauchzehen
- 250 g Lammhackfleisch
- 1 TL Safranfäden
- 1/2 TL Cayennepfeffer
- 1 TL Garam Masala
- etwas Salz
- ca. 150 ml Wasser

Außerdem

- 500 ml Öl zum Ausbacken

Für 4 Personen

Zubereitungszeit: ca. 1 1/2 Std.
Ruhezeit: ca. 30 Min.

Ob schwäbische Maultaschen, türkische Böreks oder russische Piroggen – in Europas Küchen findet man deftige und raffinierte Teigtaschen. Einige der beliebten Leckerbissen stehen für typische regionale Hausmannskost, manche haben es aber auch bis zum weltweit bekannten Nationalgericht gebracht.

Aus Europas Küchen

Diese vielfältigen Teigtaschen eignen sich für alle Anlässe: als Zwischenmahlzeit, Partysnack oder auch für ein Picknick im Grünen. Sie werden mit Fleisch, Geflügel, Fisch, Meeresfrüchten und Gemüse gefüllt, aber auch Wurst, Käse und sogar Reste können verwendet werden. Selbstverständlich kommen auch Vegetarier auf ihre Kosten, denn die Zutaten aus den heimischen Gärten wie Weißkohl, Fenchel und Sauerkraut sorgen für gleichermaßen herzhaften wie leichten Genuss.

Russische **Kohlpiroggen**

ZUTATEN

- 600 g TK-Blätterteig
- 1 Eigelb zum Bestreichen

Für die Füllung

- 1/2 kleiner Kopf Weißkohl
- 50 g durchwachsener Räucherspeck
- 2 EL Schmalz
- 1/2 TL Kümmel
- etwas Salz
- etwas schwarzer Pfeffer aus der Mühle
- etwas geriebene Muskatnuss
- 3 EL saure Sahne
- 2 Eier

Für 8–10 Personen

Zubereitungszeit: ca. 45 Min.

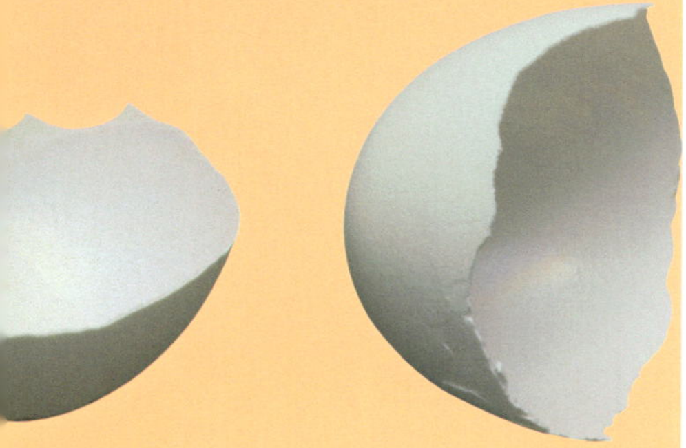

1 Den Blätterteig etwa 20 Minuten auftauen lassen. Den Kohl von den harten Rippen befreien und in sehr feine Streifen schneiden, den Speck in kleine Würfel.

2 In einer Pfanne das Schmalz erhitzen und die Speckwürfel darin glasig braten. Den Kümmel hinzufügen. Die Kohlstreifen waschen und tropfnass in die Pfanne mit dem Speck geben. Bei schwacher Hitze unter ständigem Rühren weich dünsten.

3 Den Kohl herzhaft mit Salz, Pfeffer und Muskatnuss würzen. Die saure Sahne untermischen. Das Ganze weiter köcheln lassen, bis die Flüssigkeit verdampft ist. Die Eier kochen, schälen, klein hacken und mit dem Kohl vermischen. Die Füllung abkühlen lassen.

4 Den Backofen auf 225 °C vorheizen. Ein Backblech mit kaltem Wasser abspülen.

5 Den Blätterteig ausrollen und mit einem Glas Kreise von etwa 8 cm Ø ausstechen. In die Mitte der Plätzchen mit einem Löffel etwas Füllung geben und die Teigkreise halbmondförmig zusammenklappen. Die Ränder mit einer Gabel gut festdrücken.

6 Die Teigtaschen auf das Blech setzen. Das Eigelb mit etwas Wasser verquirlen und die Teigtaschen damit bestreichen. Die Piroggen auf der mittleren Schiene des Backofens in etwa 20 Minuten goldgelb backen.

Schafskäsetaschen aus der Pfanne

ZUTATEN

Für den Teig

- 150 g Mehl
- 2–3 EL Butter
- 1 Ei
- etwas Salz

Für die Füllung

- 1 Bund Frühlingszwiebeln
- 1 Bund Dill
- 1 Bund glatte Petersilie
- 300 g Schafskäse
- 1 Msp. Cayennepfeffer
- etwas schwarzer Pfeffer aus der Mühle

Außerdem

- 1 Ei
- 2 TL Wasser
- Öl zum Ausbacken

Für 4 Personen

Zubereitungszeit: ca. 45 Min.
Ruhezeit: ca. 30 Min.

Tipp

Servieren Sie die Teigtaschen zu gemischtem Salat und reichen Sie frisches Fladenbrot dazu.

1 Das Mehl mit der Butter, dem Ei und etwas Salz zu einem glatten Strudelteig verarbeiten. Den Teig zugedeckt etwa 30 Minuten ruhen lassen.

2 Die Frühlingszwiebeln waschen, putzen und in feine Ringe schneiden. Dill und Petersilie waschen, trockenschütteln, die Blättchen abzupfen und fein hacken. Den Schafskäse in einer Schüssel mit der Gabel grob zerdrücken. Zwiebeln, Kräuter, Cayennepfeffer und Pfeffer zugeben und unterrühren.

3 Den Strudelteig dünn ausrollen und mit einer Wassersprühflasche leicht mit Wasser besprenkeln. Den Teig in 4 gleiche Teile schneiden.

4 In die Mitte jedes Teigviertels eine Portion der Käsefüllung geben. Das Ei mit 2 TL Wasser verquirlen und die Teigränder damit einpinseln.

5 Die Teigränder von beiden Seiten über die Füllung falten, sodass ein Rechteck entsteht. Die Oberfläche mit Ei einpinseln, die untere Ecke des Rechtecks zu einem Dreieck nach oben klappen und gut andrücken.

6 Das Öl in einer Pfanne erhitzen und die Schafskäsetaschen darin von beiden Seiten knusprig goldgelb braten. Die Teigtaschen sofort heiß servieren.

Börek

ZUTATEN

- 5 türkische Yufkablätter oder ersatzweise TK-Blätterteig
- Butter oder Margarine für das Blech

Für die Füllung

- 400 g Schafskäse
- 1 Bund glatte Petersilie
- 1 Ei
- 150 ml Milch
- 150 g weiche Butter

Für 4 Personen

Zubereitungszeit: ca. 1 Std.

1 Die Yufkablätter ausbreiten, mit etwas Wasser beträufeln und mit einem feuchten Tuch abdecken. Den Backofen auf 200 °C vorheizen und ein Backblech mit Butter oder Margarine einfetten.

2 Den Schafskäse klein würfeln. Die Petersilie waschen, trockenschütteln und fein hacken. Den Schafskäse mit der Petersilie, dem Ei sowie mit 50 ml Milch in einer Schüssel cremig verrühren. Die restliche Milch mit der Butter verrühren.

3 Die Yufkablätter in längliche, dicke Streifen von etwa 6 x 18 cm schneiden. Die Teigoberflächen mit der Milch-Butter-Mischung bestreichen. Auf jeden Streifen 1 EL Käsefüllung setzen. Die Ränder jeweils diagonal zu Dreiecken hochschlagen.

4 Die Böreks auf das Backblech setzen, mit der Milch-Butter-Mischung bestreichen und im Ofen auf der mittleren Schiene 10–15 Minuten goldbraun backen. Lauwarm servieren.

Maultaschensuppe

1 Das Mehl mit dem Salz, dem Öl und den Eiern zu einem glatten Teig verkneten. Zugedeckt etwa 30 Minuten ruhen lassen.

2 Inzwischen das halbe Brötchen in kaltem Wasser einweichen. Das Hackfleisch und die Bratwurstfülle gut miteinander vermischen. Die Zwiebel schälen und fein würfeln. Den Speck in kleine Würfel schneiden. Die Butter in einer Pfanne erhitzen. Den Speck darin anbraten. Die Zwiebelwürfel hinzufügen und glasig dünsten. Das Ganze mit der Fleischmasse mischen.

3 Den Spinat verlesen, waschen, kurz in kochendem Wasser blanchieren, ausdrücken und grob hacken. Das eingeweichte Brötchen ausdrücken. Spinat und Brötchen gründlich mit dem Fleisch vermischen. Kräftig mit Salz und Pfeffer abschmecken.

4 Den Teig auf einer bemehlten Fläche dünn ausrollen. Kreise von etwa 6 cm Ø ausstechen und in die Mitte je 1 EL Füllung geben. Die Taschen halbmondförmig zusammenfalten. Die Ränder fest zusammendrücken.

5 Die Brühe zum Kochen bringen und die Maultaschen darin 10–15 Minuten ziehen lassen. Den Schnittlauch waschen und in feine Röllchen schneiden. Die Maultaschen in der Brühe mit dem Schnittlauch bestreuen und heiß servieren.

ZUTATEN

Für den Teig

- 300 g Mehl
- 1 TL Salz
- 2 EL Öl
- 3 Eier

Für die Füllung

- 1/2 Brötchen
- 200 g Hackfleisch
- 100 g Bratwurstfülle
- 1 kleine Zwiebel
- 50 g durchwachsener Speck
- 1 EL Butter
- 200 g frischer Spinat
- etwas Salz
- etwas Pfeffer

Außerdem

- 1,5 l Fleischbrühe
- 1 Bund Schnittlauch

Für 4 Personen

Zubereitungszeit: ca. 1 Std.
Ruhezeit: ca. 30 Min.

ZUTATEN

Für den Teig
- 400 g Weizenvollkornmehl
- 1 TL Salz
- 4 Eier
- 50 ml Sonnenblumenöl

Für die Füllung
- 150 g Gorgonzola
- 2 Eier
- 50 g gemahlene Walnüsse
- 3–4 EL Sahne
- etwas Salz
- etwas weißer Pfeffer

Außerdem
- 1 Eigelb
- 100 g Butter

Für 6 Personen
Zubereitungszeit: ca. 45 Min.
Ruhezeit: ca. 1 Std.

Gorgonzola-Maultaschen

1 Mehl, Salz, Eier und Öl zu einem glatten Nudelteig verkneten. Den Teig etwa 1 Stunde ruhen lassen. Inzwischen den Gorgonzola durch ein Sieb streichen. Eier und gemahlene Walnüsse zugeben und mit der Sahne zu einer glatten Masse verrühren. Mit Salz und weißem Pfeffer abschmecken.

2 Den Teig dünn ausrollen. Rechtecke von etwa 5 x 12 cm zuschneiden und mit der Käsemasse bestreichen. Das Eigelb mit etwas Wasser verrühren und die Teigränder damit bestreichen. Die Rechtecke zusammenklappen und die Ränder fest zusammendrücken.

3 Die Butter in einem Topf zerlassen. Die Maultaschen in kochendem Salzwasser garen, bis sie an die Oberfläche steigen. Vor dem Servieren mit der Butter übergießen.

Kartoffel-Maultaschen

1 Die Kartoffeln pellen und fein raspeln. Mit Ei und Mehl vermischen, mit Salz, Muskat und Pfeffer würzen und zu einem festen Teig verkneten. Eine Rolle von etwa 6 cm Ø formen.

2 Die Frühlingszwiebeln putzen, waschen und in feine Ringe schneiden, den Schinken würfeln. Die Butter erhitzen und alles anschwitzen. Die Kräuter unterrühren.

3 Den Backofen auf 200 °C vorheizen. Das Butterschmalz in einer Auflaufform im Backofen schmelzen. Die Teigrolle in 8 Scheiben teilen. Die Scheiben dünn ausrollen, mit saurer Sahne bestreichen, etwas Füllung daraufgeben, zusammenklappen und die Ränder andrücken.

4 Die Kartoffel-Maultaschen mit dem flüssigen Butterschmalz bestreichen und in die Form schichten. In 35–40 Minuten goldbraun braten.

ZUTATEN

Für den Teig

- 1 kg mehlig kochende Kar toffeln, am Vortag gekocht
- 1 Ei
- 150–180 g Weizenmehl
- etwas Salz
- geriebene Muskatnuss
- etwas schwarzer Pfeffer

Für die Füllung

- 10–12 Frühlingszwiebeln
- 200 g magerer Räucherschinken
- 3 EL Butter
- 5 EL gemischte Kräuter
- 50 g Butterschmalz
- 250 g saure Sahne

Für 4 Personen

Zubereitungszeit: ca. 1 1/2 Std.
Backzeit: ca. 35–40 Min.

Champignontaschen

ZUTATEN

Für den Teig

- 400 g Mehl
- 125 g Schweineschmalz
- 3 Eier
- 1 TL Salz
- 20 g frische Hefe
- 100 ml lauwarme Milch

Für die Füllung

- 750 g frische Champignons
- 1 Zwiebel
- 2 Knoblauchzehen
- 1 Bund glatte Petersilie
- 100 g roher Schinken in Scheiben
- 3 EL Butter
- etwas Salz
- etwas schwarzer Pfeffer aus der Mühle
- 250 g Mozzarella
- 50 g geriebener Parmesan

Für etwa 16 Teigtaschen

Zubereitungszeit: ca. 45 Min.
Ruhezeit: ca. 3 Std.
Backzeit: ca. 15–20 Min.

1 Das Mehl mit Schmalz, Eiern, Salz, Hefe und Milch zu einem glatten Hefeteig verarbeiten. Den Teig zugedeckt etwa 2 Stunden ruhen lassen.

2 Den Teig nochmals gut durchkneten, anschließend noch einmal etwa 50 Minuten zugedeckt gehen lassen. Den Backofen auf 200 °C vorheizen. 2 Backbleche mit Backpapier auslegen.

3 Die frischen Champignons putzen, waschen und in Scheiben schneiden. Die Zwiebel und den Knoblauch schälen und beides fein hacken. Die Petersilie waschen, trockenschütteln und hacken, den rohen Schinken in dünne Streifen schneiden.

4 Die Butter erhitzen. Zwiebel, Knoblauch, Pilze und Schinken darin anbraten. Mit Salz und Pfeffer würzen. Alles so lange dünsten, bis die Flüssigkeit vollständig verdampft ist. Die Petersilie untermischen. Abkühlen lassen.

5 Den Mozzarella gründlich ausdrücken, klein würfeln und mit dem Parmesan unter die Champignonmasse rühren. Den Teig zusammenkneten und in 16 Portionen teilen. Die einzelnen Teigstücke zu ovalen Platten ausrollen und etwas Füllung darauf geben. In der Mitte zusammenklappen und die Ränder gut festdrücken.

6 Die Champignontaschen auf die Bleche legen und zugedeckt nochmals etwa 10 Minuten gehen lassen. Im Ofen auf der mittleren Schiene 15–20 Minuten goldgelb backen.

Kleine Fischtaschen

ZUTATEN

- 300 g TK-Blätterteig
- 3 EL Sahne

Für die Füllung

- 100 g Doppelrahm-Frischkäse
- Saft von 1/2 Zitrone
- 1 Ei
- 1 EL mittelscharfer Senf
- etwas Salz
- etwas Pfeffer aus der Mühle
- 1 EL gemischte TK-Kräuter
- 2 geräucherte Forellenfilets
- 300 g Räucherlachs

Für 6 Personen

Zubereitungszeit: ca. 40 Min.
Backzeit: ca. 10–12 Min.

1 Die Blätterteigplatten auftauen lassen und halbieren. Auf die doppelte Größe ausrollen und auf ein kalt abgespültes Backblech legen.

2 Den Backofen auf 220 °C vorheizen. Den Frischkäse mit dem Zitronensaft glatt rühren. Ei, Senf, Salz, Pfeffer und Kräuter unterrühren. Die Creme auf die Teigstücke streichen.

3 Die geräucherten Forellenfilets von allen Gräten befreien und in kleine Stücke zerpflücken. Den Räucherlachs in feine Streifen schneiden. Den Fisch auf die Teigstücke legen. Die Teigränder mit Sahne bestreichen und zur Mitte hin zusammenklappen.

4 Die Fischtaschen auf der mittleren Schiene in den Backofen schieben und 10–12 Minuten goldbraun backen.

Tipp

Sie können die Fischtaschen auch mit Kräuterfrischkäse und 1 Bund gehacktem Dill zubereiten. Das geht wesentlich schneller. Besonders appetitlich sehen sie aus, wenn Sie sie vor dem Backen mit verquirltem Eigelb bestreichen und mit grob geschrotetem Pfeffer, Mohn- oder Sesamsamen bestreuen.

Mozzarellataschen

ZUTATEN

- 300 g TK-Blätterteig
- 2 Eigelbe
- 2 EL Rosmarinnadeln
- 3 EL Pinienkerne

Für die Füllung

- 250 g Mozzarella
- 100 g getrocknete Tomaten in Öl
- je 10 schwarze und grüne Oliven
- 2 EL Pinienkerne
- 3 EL gehacktes Basilikum
- etwas abgeriebene Schale einer unbehandelten Zitrone
- 1 Chilischote
- etwas Salz

1 Den Teig antauen lassen und dünn ausrollen. 12 Kreise von etwa 12 cm Ø ausstechen. Den Mozzarella ausdrücken und klein würfeln. Die Tomaten in Küchenkrepp entfetten und mit den entkernten Oliven klein würfeln.

2 Den Backofen auf 220 °C vorheizen. Mozzarella, Tomaten, Oliven, 2 EL Pinienkerne, Basilikum, Zitronenschale und klein gehackte Chilischote mischen. Alles mit etwas Salz würzen. Die Teigkreise damit füllen, zusammenklappen und die Ränder gut festdrücken.

3 Die Teigtaschen auf ein Backblech setzen. Die Eigelbe mit etwas Wasser verrühren. Die Teigtaschen damit bestreichen, mit einigen Rosmarinnadeln sowie den restlichen Pinienkernen bestreuen und in 15–20 Minuten backen.

Camemberttaschen

ZUTATEN

- 300 g TK-Blätterteig
- 35 geschälte Mandeln
- 2 Eigelbe
- 2 EL Mohnsamen

Für die Füllung

- 500 g fester Camembert
- 250 g Zucchini
- 2 EL Magerquark
- 1 Eigelb
- etwas Salz
- etwas Cayennepfeffer

Für je etwa 12 Teigtaschen

Zubereitungszeit: ca. 1 Std.
Backzeit: ca. 20 Min.

1 Den Teig antauen lassen und dünn ausrollen. 12 Kreise von etwa 12 cm Ø ausstechen. Den Camembert entrinden und würfeln. Die Zucchini längs halbieren, in dünne Scheiben schneiden und in wenig Wasser kurz garen.

2 Den Backofen auf 220 °C vorheizen. Die Käsewürfel mit den abgekühlten Zucchinischeiben mischen. Den Quark mit 1 Eigelb verrühren, mit Salz und Cayennepfeffer kräftig abschmecken und mit der Käse-Zucchini-Mischung vermengen. Die Teigkreise damit füllen, zusammenklappen und die Ränder gut festdrücken.

3 Die Mandeln halbieren. Die 2 Eigelbe mit Wasser verrühren. Die Teigtaschen auf ein Backblech setzen, mit dem Eigelb bestreichen und mit den Mandeln und etwas Mohn garnieren. In 15–20 Minuten backen.

Gefüllte **Käsesäckchen**

1 Mehl, Margarine, Ei und Salz zu einem glatten Mürbeteig verkneten. Den Teig in 12 Portionen teilen und Kreise von etwa 15 cm Ø ausrollen.

2 Für die erste Füllung den Hüttenkäse in einem Sieb gut abtropfen lassen. Das Gemüse waschen und putzen. Die Salatgurke halbieren, die Kerne herausschaben und mit der Paprikaschote fein würfeln. Hüttenkäse, Gemüsewürfel und Kräuter mischen und mit den Gewürzen kräftig abschmecken.

3 Für die zweite Füllung den Ricotta zerbröckeln. Die Frühlingszwiebeln waschen, putzen und in feine Ringe schneiden. Mit dem Ricotta und den Kräutern mischen, mit Salz abschmecken und auf die Mürbeteigplatten verteilen. Diese zu Säckchen formen.

4 Den Backofen auf 200 °C vorheizen. Den Teig dünn ausrollen und 12 Kreise von etwa 15 cm Ø ausstechen. Die Teigplätzchen je zur Hälfte mit den verschiedenen Füllungen belegen. Die Teigränder zur Mitte hin hochziehen und über der Füllung zu einem Säckchen verschließen.

5 Das Eigelb mit Wasser verquirlen und alle Säckchen damit bestreichen. Die Käsesäckchen im Backofen auf der mittleren Schiene etwa 20 Minuten goldbraun backen. Um die Käsesäckchen Frühlingszwiebelstreifen binden und nach Belieben mit Paprikapulver bestäuben. Die pikanten Käsesäckchen können warm oder kalt serviert werden.

ZUTATEN

Für den Mürbeteig

- 150 g Mehl
- 100 g Margarine
- 1 Ei
- 1 TL Salz

Für die Füllung 1

- 200 g körniger Hüttenkäse
- 100 g Salatgurke
- 100 g rote Paprikaschote
- 2 EL gehackte gemischte Kräuter (z. B. Schnittlauch, Dill, Petersilie)
- etwas Salz
- etwas Pfeffer
- etwas Paprikapulver, edelsüß

Für die Füllung 2

- 175 g Ricotta
- 2 Frühlingszwiebeln
- 3 EL gemischte gehackte Kräuter (z. B. Majoran, Thymian, Oregano)
- etwas Salz

Außerdem

- 1 Eigelb
- 1 EL Wasser
- 12 Frühlingszwiebeln
- etwas Paprikapulver, edelsüß

Für 6 Personen

Zubereitungszeit: ca. 1 Std.
Backzeit: ca. 20 Min.

ZUTATEN

Für den Teig
- 300 g Mehl
- 1 Ei
- 150 g Butter
- 2 EL Wasser
- 1 EL Fenchelsamen

Für die Füllung
- 2 große Fenchelknollen
- 1 EL Curry
- 1 Msp. Kreuzkümmel
- 2 EL Crème double
- 1 Dose geschälte Mandarinen

Außerdem
- 2 Eigelbe
- 3 EL Fenchelsamen

Für 8 Teigtaschen

Zubereitungszeit: ca. 1 Std.
Ruhezeit: ca. 1 Std.
Backzeit: ca. 20 Min.

Fencheltaschen mit Curry

1 Mehl, etwas Salz, Ei, Butter und 2 EL Wasser zu einem glatten Mürbeteig verkneten. 1 EL grob zerstoßenen Fenchelsamen untermischen. Den Teig zu einer Kugel formen und 1 Stunde kühl stellen.

2 Den Fenchel in sehr dünne Scheiben schneiden und diese in wenig Salzwasser etwa 5 Minuten garen. Das Gemüse gut abtropfen lassen, mit Curry, Kreuzkümmel und Crème double mischen und mit Salz abschmecken. Die Mandarinen in einem Sieb gut abtropfen lassen und unter die Füllung ziehen.

3 Den Backofen auf 190 °C vorheizen. Den Teig dünn ausrollen, 8 Kreise von etwa 12 cm Ø ausstechen und diese mit je 2 EL Fenchelmischung füllen und zusammenklappen. Die Teigtaschen auf ein Backblech setzen. Die Eigelbe mit etwas Wasser verrühren. Die Teigtaschen damit bestreichen, mit dem restlichen Fenchelsamen bestreuen und in 15–20 Minuten backen.

Sauerkrauttaschen

1 Die Kartoffeln waschen, in wenig Salzwasser 30 Minuten garen, pellen und zerstampfen. Die heiße Kartoffelmasse zusammen mit 2 EL Butter, Salz, Ei, Speisestärke und Mehl zu einem festen Teig verarbeiten und diesen bei Zimmertemperatur etwa 30 Minuten ruhen lassen.

2 Die Zwiebel schälen, fein schneiden und in Butter glasig dünsten. Das Sauerkraut und die Crème double hinzufügen und bei mittlerer Hitze im geschlossenen Topf 10 Minuten köcheln lassen. Anschließend die Krautmasse in einem Sieb gut ausdrücken und mit Salz und Paprika abschmecken. Maronen vierteln, Weintrauben halbieren und entkernen. Maronen und Trauben mit dem Kraut mischen. Den Teig dünn ausrollen, 4 Kreise von 16 cm Ø ausstechen und mit der Krautmischung füllen.

3 Salzwasser zum Kochen bringen. Taschen in ein Dampfkörbchen legen und im geschlossenen Topf 10–15 Minuten dämpfen. Die Teigtaschen mit Eigelb bestreichen, mit Nusskernen und Cayennepfeffer garnieren.

ZUTATEN

Für den Teig
- 500 g Kartoffeln
- ca. 2 TL Salz
- 4 EL Butter
- 1 Ei
- 60 g Speisestärke
- ca. 120 g Mehl

Für die Füllung
- 1 Zwiebel
- 350 g Sauerkraut
- 2 EL Crème double
- etwas Salz
- etwas Rosenpaprikapulver
- 10 Maronen aus der Dose
- 200 g Weintrauben

Außerdem
- 1 Eigelb
- 12 Pekannusskerne
- etwas Cayennepfeffer

Für 4 Teigtaschen

Zubereitungszeit: ca. 1 3/4 Std.
Ruhezeit: ca. 30 Min.

Burritos, Tortillas, Empanadas und Wraps – sie wandern heiß oder kalt ganz einfach von der Hand in den Mund und sind die »Szenetypen« unter den Teigtaschen. Sie sind unkonventionell, vielfältig im Geschmack und lassen sich gut vorbereiten. Daher eignet sich der große Fingerspaß ideal fürs Buffet.

Tex-Mex

Aber auch im Alltag sorgen die amerikanischen Teigtaschen für willkommene Abwechslung auf dem Speiseplan – ob zwischendurch als Häppchen oder als Hauptmahlzeit. Die Teigtaschen bestehen zumeist aus gerollten Fladen und werden hauptsächlich regional typisch mit Mais, roten Bohnen, Kartoffeln, Avocado und Fleisch – vor allem Pute, Huhn, Lamm und Hack – gefüllt. Wichtigste Zutat des unkomplizierten und Ländergrenzen überschreitenden Essvergnügens aus der Neuen Welt sind wohl die kleinen grünen, gelben und roten Chilischoten, die dem Ganzen einen mild-pikanten bis feurig-scharfen Geschmack geben.

Gefüllte **Tortillas**

ZUTATEN

- 8 Tortillas (Fertigprodukt)

Für die Füllung

- 400 g Hähnchenfilet
- 1 Zwiebel
- 2 Knoblauchzehen
- 4 kleine grüne Chilischoten
- 3 EL Pflanzenöl
- etwas Salz
- etwas schwarzer Pfeffer aus der Mühle
- etwas Chilipulver
- 1 EL Tomatenmark
- 125 ml Hühnerbrühe
- 250 g Kidneybohnen aus der Dose
- 100 g geriebener Parmesan

Für 4 Personen

Zubereitungszeit: ca. 1 1/2 Std.

1 Das Hähnchenfilet gegebenenfalls von Haut- und Sehnenresten befreien und unter fließendem Wasser waschen. Das Fleisch anschließend trockentupfen und in kleine Würfel schneiden.

2 Die Zwiebel und die Knoblauchzehen schälen und fein hacken. Die Chilischoten waschen, trockentupfen und der Länge nach halbieren, sorgfältig entkernen und fein würfeln.

3 Das Pflanzenöl in einem großen Topf erhitzen. Die Zwiebel- und Knoblauchstückchen zusammen mit den Chiliwürfeln unter ständigem Rühren darin anschwitzen. Die Fleischwürfel hinzufügen und diese bei großer Hitze von allen Seiten braten. Das Ganze mit Salz, Pfeffer und Chilipulver kräftig abschmecken.

4 Inzwischen den Backofen auf 180 °C vorheizen. Das Tomatenmark zu der Fleischmischung geben und alles etwa 2 Minuten anrösten. Die Hühnerbrühe angießen und die Kidneybohnen zusammen mit dem Saft einrühren. Das Chili bei kleiner Hitze etwa 15 Minuten mit geöffnetem Topfdeckel köcheln lassen.

5 Die Tortillas auf ein Backblech legen und etwa 5 Minuten in den Backofen schieben, damit sie warm und weich werden.

6 Die warmen Tortillas mit Hühnerchili belegen, Parmesan darüber streuen und zusammenklappen.

Tacos mit Putenfleisch

ZUTATEN

- 8 Tacoschalen (Fertigprodukt)

Für die Füllung

- 2 Fleischtomaten
- 1 große Zwiebel
- 4 Blätter Eisbergsalat
- 1 Knoblauchzehe
- 1 kleine rote Chilischote
- 200 g Maiskörner aus der Dose
- 300 g Putenschnitzel
- etwas Salz
- etwas schwarzer Pfeffer aus der Mühle
- 1 Msp. Cayennepfeffer
- 2 EL Pflanzenöl
- 4 EL Tacosauce (Fertigprodukt)
- 100 g saure Sahne
- 100 g geriebener Gouda

Für 4 Personen

Zubereitungszeit: ca. 30 Min.

1 Die Tomaten über Kreuz einritzen, kurz überbrühen, abschrecken und enthäuten. Sie von den Stielansätzen befreien, entkernen und würfeln. Die Zwiebel schälen und fein hacken. Die Salatblätter waschen, trockentupfen und in Streifen schneiden.

2 Den Knoblauch schälen und hacken. Die Chilischote waschen, trockentupfen und längs halbieren. Sie gründlich entkernen und fein würfeln. Die Maiskörner abtropfen lassen.

3 Den Ofen auf 200 °C vorheizen. Die Putenschnitzel waschen, trockentupfen, in dünne Streifen schneiden und mit Salz, Pfeffer und Cayennepfeffer würzen. Das Öl in einer Pfanne erhitzen. Die Knoblauch-, Chili- und Zwiebelwürfel darin anschwitzen. Die Putenstreifen hinzufügen, von allen Seiten anbraten und herausnehmen.

4 Die Tacoschalen auf ein Backblech legen und für etwa 4 Minuten im Ofen erwärmen. Sie herausnehmen und mit dem angeschwitzten Gemüse, Salatstreifen, Tomatenwürfeln, Maiskörnern und Fleisch füllen.

5 Die Putenfüllung zuerst mit der Tacosauce und dann mit der sauren Sahne überziehen, abschließend den Käse darüber streuen. Die gefüllten Tacos sofort servieren.

Tipp

Wenn Sie Gäste zu einem mexikanischen Abend einladen, servieren Sie alle Zutaten separat in Schüsselchen. Jeder Gast kann sich so nach Belieben sein Taco füllen. Servieren Sie dazu stilecht mexikanisches Bier (z. B. Corona) mit einem Limonenschnitz.

Minitacos

ZUTATEN

- 1 Paket Mini-Tacoschalen

Für die Füllung

- 500 g Rinderhack
- 3 Knoblauchzehen
- 2 EL Öl
- etwas Salz
- etwas Cayennepfeffer
- 2 EL Tomatenketchup
- 2 Frühlingszwiebeln
- 1 kleine Dose Maiskörner
- 1 kleine Dose rote Bohnen

Für 6 Personen

Zubereitungszeit: ca. 25 Min.

1 Die Tacoschalen aus der Packung nehmen und einzeln auf einem Backblech ausbreiten. Den Backofen auf 200 °C vorheizen.

2 Rinderhack und Knoblauch im heißen Öl 5–10 Minuten braten. Mit Salz, Cayennepfeffer und Tomatenketchup würzen. Frühlingszwiebeln hauchdünn in Ringe schneiden und untermischen. Mais und Bohnen gut abtropfen lassen, unterheben.

3 Die Tacoschalen für etwa 4 Minuten im Ofen erwärmen. Sie herausnehmen, die lauwarme Hackmischung in die Tacos füllen und sofort servieren.

Tipp

Tacos sind ein dankbares und äußerst vielfältiges Nahrungsmittel. Bei der pikanten Füllung sind der Fantasie fast keine Grenzen gesetzt.

AMONTILLADO
JEREZ-XÉRÈS

Kleine **Lamm-Empanadas**

ZUTATEN

Für den Teig
- 400 g Mehl
- 100 g Schweineschmalz
- 125 ml Wasser
- 100 ml Olivenöl
- 1–2 Eigelbe
- etwas Salz

Für die Füllung
- 400 g mageres Lammfleisch
- 200 g Serrano-Schinken
- 1 Sobrassada oder spanische Chorizo
- 100 g durchwachsener Speck
- 1–2 Tomaten
- 3 Knoblauchzehen
- 2 Frühlingszwiebeln
- 2–3 EL Olivenöl
- 1 EL Tomatenmark
- 150 ml trockener Weißwein
- 1 getrocknetes Lorbeerblatt
- 1–2 Zweige frischer Thymian
- etwas Salz
- etwas Pfeffer aus der Mühle
- 1 Schuss Sherry

Außerdem
- 1 Ei zum Bestreichen

Für 6 Teigtaschen

Zubereitungszeit: ca. 45 Min.
Ruhezeit: ca. 1 Std.
Backzeit: ca. 45 Min.

1 Aus Mehl, Schweineschmalz, Wasser, Öl, Eigelben und Salz einen glatten, geschmeidigen Teig kneten. In Frischhaltefolie einschlagen und mindestens 1 Stunde ruhen lassen.

2 Lammfleisch, Schinken, Sobrassada und Speck in kleine Würfel schneiden. Tomaten enthäuten und klein würfeln. Den Knoblauch schälen, die Frühlingszwiebeln putzen und beides fein hacken.

3 In einer Pfanne Olivenöl erhitzen, zuerst den Speck, dann Schinken, Sobrassada und Lammfleisch darin kräftig anbraten, herausheben und warm stellen.

4 Im verbliebenen Öl die Frühlingszwiebeln und den Knoblauch kurz andünsten. Tomaten hinzufügen, kräftig aufkochen lassen, das Tomatenmark einrühren und mit Weißwein aufgießen. Salz, Pfeffer, das Lorbeerblatt und den Thymian dazugeben.

5 Das Fleisch wieder untermengen und alles bei mäßiger Hitze so lange köcheln lassen, bis nahezu die gesamte Flüssigkeit verkocht ist. Das Lorbeerblatt und die Thymianzweige entfernen, mit Salz, Pfeffer und Sherry abschmecken.

6 Den Backofen auf 180 °C vorheizen. Den Teig in 6 Stücke teilen und jedes Teigstück dünn ausrollen und etwa gleich große Kreise oder Rechtecke formen. Die Teigplatten mit Füllung belegen, zusammenklappen und die Ränder fest zusammendrücken.

7 Die Pastetchen mit einer Gabel mehrmals einstechen, mit verquirltem Ei bestreichen, auf ein mit Backpapier belegtes Backblech legen und im heißen Ofen 40–50 Minuten goldbraun backen.

Philippinische **Empanadas**

ZUTATEN

- 450 g TK-Hefeteig
- 750 ml Maiskeimöl zum Frittieren

Für die Füllung

- 2 Eier
- 1 Zwiebel
- 1 Knoblauchzehe
- 50 g durchwachsener Speck
- 200 g Schweinehack
- 1 EL Tomatenmark
- 6 EL Fleischbrühe
- 1 EL Sojasauce
- etwas Salz
- etwas schwarzer Pfeffer aus der Mühle
- 1 Msp. Zucker
- 2 Cornichons

Für 4 Personen

Zubereitungszeit: ca. 30 Min.

1 Den Hefeteig in etwa 20 Minuten auftauen lassen. Inzwischen die Eier hart kochen. Die Zwiebel und die Knoblauchzehe schälen und beides sehr fein hacken. Den Speck würfeln.

2 Den Wok erhitzen und den Speck darin auslassen. Zwiebel und Knoblauch dazugeben und unter Rühren glasig braten. Das Hackfleisch hinzufügen und etwa 4 Minuten krümelig braten.

3 Tomatenmark und Brühe einrühren und alles so lange köcheln lassen, bis fast die ganze Flüssigkeit verdampft ist. Danach mit Sojasauce, Salz, Pfeffer und Zucker abschmecken.

4 Die Füllung abkühlen lassen. Die Eier schälen und fein hacken. Die Cornichons ebenfalls fein hacken und beides unter die Hackfüllung mischen.

5 Die Teigplatten dünn ausrollen und Kreise von etwa 12 cm Ø ausstechen. Die Teigkreise mit jeweils 1 EL Füllung belegen. Die Ränder leicht mit Wasser anfeuchten, die Teigtaschen zusammenklappen und die Ränder mit einer Gabel gut festdrücken.

6 Das Öl zum Frittieren im Wok heiß werden lassen. Die Teigtaschen darin portionsweise in 4–5 Minuten goldbraun ausbacken. Auf Küchenkrepp abtropfen lassen.

Kreolische **Fleischpastetchen**

ZUTATEN

Für den Teig

- 500 g Mehl
- 20 g frische Hefe
- 1 TL Zucker
- 250 ml lauwarme Milch
- 1 TL Salz
- 5 EL zimmerwarme Butter
- 1 EL Pflanzenöl

Für die Füllung

- 2 Zweige Koriander
- 1 Zwiebel
- 5 Knoblauchzehen
- 3 kleine rote Chilischoten
- 4 EL Erdnussöl
- 500 g gemischtes Hackfleisch
- etwas Salz
- etwas schwarzer Pfeffer aus der Mühle
- 1 EL Tomatenmark
- 125 ml Fleischbrühe
- 1 TL gemahlener Kreuzkümmel
- 1 TL gerebelter Oregano
- 1 TL gerebelter Thymian

Außerdem

- 2 Eigelbe

Für etwa 25 Stück

Zubereitungszeit: ca. 1 1/2 Std.
Ruhezeit: ca. 30 Min.
Backzeit: ca. 45 Min.

1 Mehl, Hefe, Zucker, Milch, Salz, Butter und Öl zu einem geschmeidigen Hefeteig verarbeiten und diesen an einem warmen Ort zugedeckt etwa 30 Minuten gehen lassen.

2 Inzwischen den Koriander waschen und trockentupfen. Die Blätter von den Stielen zupfen und grob hacken. Die Zwiebel und den Knoblauch schälen und hacken. Die Chilischoten waschen, trockentupfen, längs halbieren, gründlich entkernen und fein würfeln.

3 Das Erdnussöl erhitzen und die Zwiebel-, Knoblauch- und Chiliwürfel darin andünsten. Das Fleisch hinzufügen und unter ständigem Rühren krümelig braten.

4 Das Hackfleisch mit Salz und Pfeffer abschmecken und zusammen mit dem Tomatenmark kräftig anbraten. Die Brühe angießen und das Ganze mit Kreuzkümmel, Oregano und Thymian würzen. Den Koriander dazugeben und das Hackfleisch etwa 10 Minuten in der Brühe köcheln lassen.

5 Den Backofen auf 210 °C vorheizen. Den Teig dünn ausrollen und Kreise von 8–9 cm Ø ausstechen. Die Teigkreise mit der Füllung belegen und zusammenklappen. Die Eigelbe verquirlen. Die Teigränder damit bestreichen und fest zusammendrücken. Mit der Gabel fest andrücken.

6 Die Fleischpastetchen mit Eigelb bepinseln, auf ein gefettetes Backblech setzen und auf der mittleren Schiene in etwa 45 Minuten goldbraun backen.

Burritos mit thailändischer Sauce

ZUTATEN

- 8 Tortillas (Fertigprodukt)

Für die Sauce

- 2 Tomaten
- 2 Schalotten
- 4 Knoblauchzehen
- 1 Stück Ingwerwurzel, ca. 1 cm
- 20 getrocknete rote Chilischoten
- 2 EL brauner Zucker
- 2 EL Fischsauce
- 1 TL gemahlener Kreuzkümmel
- 1 TL Speisestärke
- 4 EL Rotweinessig
- 4 EL Olivenöl

Für die Füllung

- 400 g Süßkartoffeln
- 1 große rote Zwiebel
- 1 grüne Chilischote
- 1 Avocado
- Saft von 1/2 Limette
- 200 g saure Sahne
- 500 g Rinderfilet
- 3 EL Sonnenblumenöl
- etwas Salz
- etwas Pfeffer aus der Mühle

Für 4 Personen

Zubereitungszeit: ca. 1 Std.

1 Die Süßkartoffeln waschen, in etwa 25 Minuten gar kochen und kalt abschrecken. Inzwischen die Tomaten waschen, entkernen und grob hacken. Die Schalotten und den Knoblauch schälen und ebenfalls grob hacken. Den Ingwer schälen und hacken. Alles mit den Chilischoten, Zucker, Fischsauce, Kreuzkümmel, Stärke sowie Essig und Öl mit dem Mixstab zu einer gleichmäßigen Masse verrühren. Die Sauce beiseite stellen.

2 Den Backofen auf 200 °C vorheizen. Die Süßkartoffeln schälen, trockentupfen und in dünne Scheiben schneiden. Die Zwiebel schälen und in schmale Spalten schneiden. Den grünen Chili waschen, putzen, entkernen und in dünne Ringe schneiden.

3 Die Tortillas etwa 10 Minuten im vorgeheizten Backofen aufbacken. Die Sauce in einem kleinen Topf bei geringer Hitze köcheln lassen. Die Avocado halbieren, entkernen, schälen und in Spalten schneiden, mit dem Limettensaft beträufeln und in einem Servierschälchen beiseite stellen. Die saure Sahne glatt rühren und kaltstellen.

4 Das Fleisch abspülen, trockentupfen und in schmale Streifen schneiden. 2 EL Öl in einer Pfanne erhitzen, darin das Fleisch unter Rühren etwa 2 Minuten braten und anschließend wieder herausnehmen.

5 Das restliche Öl erhitzen und darin Süßkartoffeln, Zwiebel und Chili unter Rühren braten. Einige EL Sauce und das Fleisch unterrühren. Alles mit Salz und Pfeffer abschmecken.

6 Die Tortillas mit Fleisch, Sauce, Avocadoscheiben und saurer Sahne füllen und zusammengerollt servieren.

Wrap mit Feigen, Ziegenkäse und Salami

ZUTATEN

Für den Teig

- 140 g Weizenmehl
- 1 TL Salz
- 2 EL Sonnenblumenöl
- 50–60 ml warmes Wasser

Für die Füllung

- 150–200 g frischer Spinat
- 6 Feigen
- 100 g Fenchelsalami oder andere Salami
- 1/2 Bund Zitronenmelisse
- 3 EL Zitronensaft
- etwas Salz
- etwas Pfeffer
- 3 EL Olivenöl
- 4 EL Pinienkerne
- 200 g Ziegenfrischkäse

Für 4 Tortillas

Zubereitungszeit: ca. 30 Min.
Ruhezeit: ca. 20 Min.

1 Das Mehl mit Salz, Öl und Wasser zu einem glatten Teig verkneten. Den Teig zugedeckt etwa 20 Minuten gehen lassen. Nochmals durchkneten und in 8 Portionen teilen. Die Teigstücke zu dünnen Fladen von etwa 26 cm Ø ausrollen.

2 Den Backofen auf 100 °C vorheizen. Eine Pfanne oder eine Fladenplatte erhitzen. Die Tortillas nacheinander bei mittlerer Hitze auf jeder Seite etwa 1 Minute backen. Den Teig dabei immer wieder leicht hinunterdrücken, damit die Tortilla gleichmäßig durchbackt und leicht anbräunt. Die fertigen Tortillas in ein leicht feuchtes Geschirrtuch schlagen, in Alufolie wickeln und im Backofen warm halten.

3 Den Spinat putzen, waschen und trockenschleudern. In mundgerechte Stücke reißen. Die Feigen waschen, der Länge nach halbieren und in Spalten schneiden. Die Salamischeiben klein schneiden. Die Zitronenmelisse waschen und trockenschütteln. Einige Blättchen beiseite legen, die übrigen in Streifen schneiden. Mit dem Spinat, den Feigen und der Salami mischen.

4 Den Zitronensaft mit Salz und Pfeffer kräftig würzen. Das Olivenöl mit einem Schneebesen unterschlagen. Die Marinade über die Spinatmischung geben.

5 Die Pinienkerne in einer Pfanne ohne Fett unter Rühren leicht bräunen. Die Spinatmischung auf die Tortillas geben, den Ziegenfrischkäse darüber krümeln und das Ganze mit den Pinienkernen bestreuen. Dann die Tortillas zusammenrollen. Mit Zitronenmelisse garnieren und sofort servieren.

Falafel-Rotkohl-Wrap

ZUTATEN

Für den Teig

- 140 g Weizenmehl
- 1 TL Salz
- 1/2 EL Kurkuma
- 2 EL Sonnenblumenöl
- 50–60 ml warmes Wasser

Für die Füllung

- 1 mittlere Dose Rotkohl
- 1 Mini-Salatgurke, ca. 200 g
- 1 Zwiebel
- 2 EL Balsamessig
- 1 mittlere Dose Kichererbsen
- 2 Scheiben Vollkorntoast
- 1 Zwiebel
- 4 Knoblauchzehen
- 1/2 Bund Petersilie
- 1 TL Koriander
- 1 TL Kreuzkümmel
- etwas Salz und Pfeffer
- 3 EL Mehl
- 1 TL Backpulver

Für die Sauce

- 100 g Tahine (Sesampaste)
- 4–5 EL Zitronensaft
- 4–5 EL heißes Wasser
- etwas Salz und Pfeffer

Außerdem

- Öl zum Frittieren
- 8 EL süß-scharfe Chilisauce

Für 4 Tortillas

Zubereitungszeit: ca. 30 Min.
Ruhezeit: ca. 20 Min.

1 Das Mehl mit Salz, Kurkuma, Öl und Wasser zu einem glatten Teig verkneten. Den Teig zugedeckt etwa 20 Minuten gehen lassen. Nochmals durchkneten und in 8 Portionen teilen. Die Teigstücke zu dünnen Fladen von etwa 26 cm Ø ausrollen.

2 Den Backofen auf 100 °C vorheizen. Eine Pfanne oder Fladenplatte erhitzen. Die Tortillas nacheinander bei mittlerer Hitze auf jeder Seite etwa 1 Minute backen, den Teig dabei immer wieder leicht hinunterdrücken. Die fertigen Tortillas in ein leicht feuchtes Geschirrtuch schlagen, in Alufolie wickeln und im Backofen warm halten.

3 Den Rotkohl abtropfen lassen. Die Gurke waschen und in dünne Stifte schneiden. Die Zwiebel schälen und fein würfeln. Alles mit dem Balsamessig mischen. Das Tahine mit Zitronensaft, 4–5 EL heißem Wasser, Salz und Pfeffer glatt rühren.

4 Die Kichererbsen abtropfen lassen, die Flüssigkeit auffangen. Die Toasts mit 3 EL Flüssigkeit beträufeln. Die Zwiebel und den Knoblauch schälen und fein hacken. Alles vermischen und mit dem Mixstab pürieren. Die Petersilie waschen, trockenschütteln und hacken. Die Kichererbsenmasse mit Petersilie, gemahlenem Koriander, gemahlenem Kreuzkümmel, 1 TL Salz, Pfeffer, Mehl und Backpulver zu einem glatten Teig verkneten. Etwa kirschgroße Kugeln (Falafel) formen.

5 Das Öl auf ca. 180 °C erhitzen. Die Falafel portionsweise etwa 3 Minuten frittieren, herausnehmen und auf Küchenkrepp abtropfen lassen.

6 Je ca. 1–2 EL Tahinesauce auf die warmen Tortillas geben. Rotkohlsalat und Falafel darauf verteilen. Mit je 1–2 EL süß-scharfer Chilisauce beträufeln und die Tortillas zusammenrollen.

Süße Teigtaschen sind verlockende Wundertüten. Ob als Dessert oder Hauptgericht, beim Frühstück oder zum Nachmittagskaffee – in diesem Kapitel finden Sie neben altbewährten Klassikern wie der Apfeltasche auch viele neue Rezepte. Schauen Sie mit uns über den heimischen Tellerrand!

Desserts

Die Vielfalt reicht von rumänischen Palatschinken über italienisch inspirierte süße Vollkornravioli bis hin zu amerikanischen Wraps. Ihren Ursprung haben die süßen Nudeln übrigens im süddeutschen Raum. Die Zubereitungsmöglichkeiten sind groß, die süßen bis fruchtig-herben Teigtaschen lassen sich mit Obst, Konfitüre und Nüssen füllen. Wer also auch beim Nachtisch nicht von Pasta und Tortillas lassen will, wird hier köstliche Überraschungen entdecken. Gefüllt mit Quark und frischen Früchten, die sich je nach Geschmack und Saison variieren lassen, sind die süßen Leckereien nicht zuletzt auch ein gesunder Hochgenuss.

Quarktaschen

ZUTATEN

- 500 g TK-Blätterteig
- 1 Eigelb zum Bestreichen

Für die Füllung

- 1 Eigelb
- 1 EL Zucker
- 2 EL gehackte Mandeln
- 1 TL Zimtpulver
- 2 EL Brombeerkonfitüre
- 100 g Sahnequark

Für etwa 8 Stück

Zubereitungszeit: ca. 20 Min.

1 Den Blätterteig auftauen lassen. Das Eigelb und den Zucker mit dem Schneebesen leicht verquirlen. Mandeln, Zimt, Konfitüre und Quark darunter mischen.

2 Den Backofen auf 200 °C vorheizen. Den Blätterteig etwa 3 mm dick ausrollen und zu Quadraten von etwa 8 cm Seitenlänge schneiden. Je 1 EL Füllung auf jedes Teigstück geben. Zwei Seiten mit etwas Wasser befeuchten, die Teigstücke zu Dreiecken falten und gut zusammendrücken.

3 Ein Backblech mit Backpapier belegen. Die Teigtaschen darauf setzen. Sie mit verquirltem Eigelb bestreichen und etwa 20 Minuten goldbraun backen.

Tipp

Aus den Blätterteigresten lassen sich ohne viel Aufwand leckere Käseplätzchen zubereiten. Die Blätterteigplatten einfach mit geriebenem Käse bestreuen, aufrollen und in Scheiben schneiden. Die Plätzchen werden dann bei 220 °C 5–10 Minuten gebacken und als Appetithappen zum Aperitif gereicht.

Rumänische **Palatschinken**

1 Die Blätterteigplatten nebeneinander legen und auftauen lassen. Für die Füllung die Butter mit dem Zucker schaumig rühren, bis sich der Zucker völlig aufgelöst hat. 2 Eigelbe darunter rühren, dann esslöffelweise den Schichtkäse und die Crème fraîche darunter mischen. Die Zitronenschale und den Saft zufügen.

2 Den Backofen auf 220 °C vorheizen. Die Blätterteigplatten messerrückendick ausrollen und jeweils halbieren. Die Füllung so auf die Teigquadrate verteilen, dass rundherum ein etwa fingerbreiter Rand frei bleibt. Die 4 Teigecken zur Mitte einschlagen.

3 Die Teigtaschen auf ein mit kaltem Wasser abgespültes Backblech legen. Das letzte Eigelb mit der Sahne verquirlen und die Palatschinken damit bestreichen. Das Blech in den heißen Backofen schieben und die Palatschinken etwa 20 Minuten goldbraun backen. Das Dessert lauwarm servieren.

ZUTATEN

- 300 g TK-Blätterteig
- 1 Eigelb
- 1 EL Sahne

Für die Füllung

- 50 g Butter
- 50 g Zucker
- 3 Eigelbe
- 250 g Schichtkäse
- 100 g Crème fraîche
- Schale und Saft von 1/2 unbehandelten Zitrone

Für 4 Personen

Zubereitungszeit: ca. 50 Min.
Backzeit: ca. 20 Min.

Tipp

Zu dieser leichten Nachspeise schmecken heiße Himbeeren mit einem Schuss Himbeergeist und einer Kugel Vanilleeis besonders gut.

Apfeltaschen

ZUTATEN

Für den Teig

- 250 g Weizenmehl
- 125 g Magerquark
- 4 EL Milch
- 5 EL Rapsöl
- 1 EL Zucker
- 1/2 Päckchen Backpulver

Für die Füllung

- 2 kleine Äpfel
- 50 ml Weißwein
- 1 EL Zucker
- etwas Zimtpulver

Für etwa 6 Stück

Zubereitungszeit: ca. 35 Min.
Backzeit: ca. 15 Min.

1 Mehl, Quark, Milch, Öl, Zucker und Backpulver zu einem glatten Quark-Öl-Teig verkneten. Den Backofen auf 200 °C vorheizen.

2 Die Äpfel schälen und das Kerngehäuse entfernen. Die Äpfel in dünne Spalten schneiden und diese in dem Weißwein 1–2 Minuten andünsten. Die Äpfel mit Zucker und Zimt abschmecken; etwas abkühlen lassen.

3 Den Teig dünn ausrollen und 6 quadratische Teigböden von etwa 10 x 10 cm zurechtschneiden. Auf jeweils eine Seite der Teigböden etwa 1 EL Apfelfüllung geben. Den Teig zusammenklappen und die Ränder mit den Zinken einer Gabel zusammendrücken.

4 Ein Backblech mit Backpapier belegen. Die Apfeltaschen darauf setzen und auf der mittleren Schiene etwa 15 Minuten backen. Auf einem Gitter abkühlen lassen.

Vollkorn-Apfel-Ravioli auf Himbeermus

ZUTATEN

Für den Teig

- 300 g Vollkornmehl
- 2 Eier
- 4–5 EL Wasser
- 1 EL Olivenöl

Für die Füllung

- 4 Äpfel (z. B. Boskop)
- 5 EL Honig
- 1 Msp. Zimt
- 20 g Butter
- etwas Salz
- 500 g Himbeeren, frisch oder TK
- 1 EL Himbeergeist
- 250 g Sahne

Für 6 Personen

Zubereitungszeit: ca. 1 Std.
Ruhezeit: ca. 30 Min.

1 Das Mehl mit den Eiern, dem Wasser und dem Öl zu einem glatten, eher trockenen Nudelteig verkneten. Den Teig in Frischhaltefolie wickeln und etwa 30 Minuten kühl ruhen lassen.

2 Den Teig möglichst dünn ausrollen. Mit einem runden Ausstecher oder einem dünnwandigen Glas Kreise von etwa 8 cm Ø ausstechen.

3 Die Äpfel schälen, das Kerngehäuse entfernen und die Äpfel fein raspeln. Alles mit 1 EL Honig süßen und mit Zimt würzen. Etwa 1 EL der Füllung in die Mitte jedes Teigkreises setzen. Die Teigtaschen zusammenklappen und an den Rändern fest zusammendrücken.

4 Die Butter in einem kleinen Topf zerlassen. Die Apfelravioli in reichlich kochendem, leicht gesalzenem Wasser 5–6 Minuten garen und mit einem Schaumlöffel aus dem Kochwasser heben. Mit der Butter bestreichen und warm stellen.

5 Die Himbeeren bis auf wenige für die Garnitur pürieren, mit dem restlichen Honig süßen und mit Himbeergeist verfeinern. Die Sahne steif schlagen und in einen Spritzbeutel mit großer Tülle füllen.

6 Das Himbeermus auf Dessertteller verteilen, je 2–3 warme Apfelravioli auf dem Mus anrichten, mit der Sahne und den restlichen Himbeeren garnieren und sofort servieren.

Süße Ravioli mit Zimtzucker

ZUTATEN

Für den Teig

- 260 g Vollkornmehl
- etwas Salz
- 2 Eier
- 1 Eigelb

Für die Füllung

- 250 g frische Pflaumen
- 1 Vanilleschote
- 50 g gehackte Mandeln
- 2 EL Pflaumengeist
- 1 TL gemahlener Zimt
- 1 EL Ahornsirup

Außerdem

- 1 Eigelb zum Bestreichen
- 200 g Butter
- Zucker und Zimt nach Geschmack

Für 4 Personen

Zubereitungszeit: ca. 30 Min.
Ruhezeit: ca. 2 Std.

1 Mehl mit Salz, Eiern und dem zusätzlichen Eigelb zu einem glatten Nudelteig verkneten. Zugedeckt mindestens 2 Stunden ruhen lassen.

2 Die Pflaumen halbieren, entkernen und das Fruchtfleisch in kleine Würfel schneiden. In einem Schmortopf mit dem ausgeschabten Mark der Vanilleschote, den gehackten Mandeln und dem Pflaumengeist vermischen, mit Zimt und Ahornsirup verfeinern und bei schwacher Hitze einkochen lassen, bis die Flüssigkeit verdampft ist. Von der Kochstelle nehmen und abkühlen lassen.

3 Den Nudelteig sehr dünn ausrollen und in Quadrate schneiden. Auf jedes Quadrat ein kleines Häufchen von der Füllung geben, die Teigränder mit verquirltem Eigelb bestreichen, die Taschen zusammenklappen und die Ränder gut festdrücken.

4 Die Ravioli in reichlich kochendem Salzwasser in wenigen Minuten garen und mit einem Schaumlöffel herausheben, sobald sie an der Oberfläche schwimmen. Auf einer vorgewärmten Platte anrichten.

5 Inzwischen die Butter in einer Pfanne zerlassen. Die angerichteten Ravioli damit übergießen und mit Zimtzucker bestreuen.

Erdbeer-Pudding-Wrap

ZUTATEN

Für die Tortillas

- 1–2 EL Butter
- etwas Vanillearoma
- 100 g Weizenmehl
- etwas Salz
- 50 ml warmes Wasser

Für die Füllung

- 100 g Cashewnüsse oder geschälte Mandeln
- 1 Vanilleschote
- 4 EL Wasser
- 250 ml Milch
- etwas Salz
- 50 g Zucker
- 4 EL Grieß
- 200 g Schlagsahne
- 500 g kleine Erdbeeren
- 1 EL Puderzucker
- 2 EL Orangenlikör oder Orangensaft
- etwas Zitronenmelisse

Für 4 Personen

Zubereitungszeit: ca. 40 Min.
Ruhezeit: ca. 20 Min.
Abkühlzeit: ca. 1 Std.

1 Die Butter zerlassen, einige Tropfen Vanillearoma hinzugeben und abkühlen lassen. Das Mehl mit dem Salz, der Vanillebutter und dem Wasser zu einem glatten Teig verkneten. Den Teig zugedeckt etwa 20 Minuten quellen lassen, dann nochmals durchkneten und in 12 Portionen teilen.

2 Die Teigstücke zu dünnen Fladen von etwa 20 cm Ø ausrollen. Den Backofen auf 100 °C vorheizen. Eine Pfanne oder Fladenplatte erhitzen. Die Tortillas nacheinander bei mittlerer Hitze auf jeder Seite etwa 1 Minute backen, dabei den Teig immer wieder leicht hinunterdrücken, damit die Tortilla gleichmäßig durchbackt. Die fertigen Tortillas in ein feuchtes Tuch schlagen, in Alufolie wickeln und im Backofen warm halten.

3 Die Cashewnüsse oder Mandeln durch die Mandelmühle drehen oder in der Küchenmaschine zerkleinern. Die Vanilleschote längs aufschlitzen und das Mark herauskratzen. 4 EL Wasser mit Milch, Salz, Vanilleschote und -mark, Nüssen und Zucker langsam zum Kochen bringen.

4 Den Grieß in die kochende Milch geben und unter Rühren 3 Minuten kochen lassen. Den Grießbrei in eine Metallschüssel geben und im kalten Wasserbad unter gelegentlichem Rühren erkalten lassen. Die Vanilleschote herausnehmen. Die Sahne steif schlagen und unter den kalten Nusspudding heben. Das Ganze kalt stellen.

5 Die Erdbeeren waschen, putzen und klein schneiden, mit dem Puderzucker und dem Orangenlikör (oder Orangensaft) mischen.

6 Den Pudding und die Erdbeeren auf den Tortillas verteilen. Die Tortillas zusammenrollen und mit der Zitronenmelisse garnieren.

Rezeptregister

Bildnachweis

Alle Rezeptabbildungen aus dem Archiv Falken/Mosaik: Klaus Arras, Köln: Seite 36, 37 o. und mi., 47, 51, 59, 65, 67, 95 o. und u.,105, 111, 113, 115 mi., 127; Bonosolli: Seite 6; Michael Brauner, Karlsruhe: Seite 11, 23, 25, 28, 73 o. und mi., 83, 87, 115 u., 118; Carsten Eichner, Hamburg: Seite 115 o., 121; Eising: Seite 31; Endress: Seite 103; Wolfgang Feiler, Karlsruhe: Seite 33, 35; B. Harms: Seite 71; Ulrich Kerth, München: Seite 9 mi., 12, 75; Ulrich Kopp, Füssen: Seite 48; Martin Krapohl, Düsseldorf: Seite 70; Dr. Muth PR: Seite 95 mi., 101; Pudenz: Seite 82, 125; Amos Schliack, Hamburg: Seite 8, 9 o. und u., 15, 16, 19, 21, 27, 43, 61, 63, 94, 109, 114, 123; Schmitz: Seite 45, 73 u., 79; Seiffe: Seite 7, 72, 77, 80, 85; Teubner: Seite 6; TLC Foto-Studio GmbH, Velen-Ramsdorf: Seite 37 u., 38/39, 41, 53, 54, 57, 68, 69, 89, 92, 93, 99, 117; Union Deutsche Lebensmittelwerke GmbH: Seite 90; Brigitte Wegner, Düsseldorf: Seite 97, 107
Freisteller: PhotoDisc; Archiv Falken/Mosaik